复旦大学古籍所成立四十周年纪念学术丛书

学古文存

刘晓南 著

复旦大学出版社

出 版 说 明

　　1983年,作为教育部首批批准设立的古籍整理研究机构之一,复旦大学古籍整理研究所在已故杰出教授章培恒先生的主持下正式成立。自此以后,古籍所一直秉持科研项目与学科建设相结合、整理与研究并重的发展理念,积极开展科研教学,培养人才队伍,至今已走过整整四十个春秋。古语云"四十不惑",对人生而言,四十年是一个关键的节点,而对一所科研机构来说,从起步到成熟、发展,四十载同样是一段具有重要意义的历程。

　　在这四十年的探索进程中,复旦古籍所始终重视学科建设和人才培养,由建所之初的一个博士点、两个硕士点,发展为五个博士点、五个硕士点,已培养硕博士研究生四百余名,其中包括数十名日、韩、美、越等国的硕博士生和高级进修生,在读研究生由当初的十余名,发展至稳定在百余名的规模。

　　在这四十年的建设历程中,复旦古籍所搭建起由多个学科和研究方向组成的科研架构,并成为高校研究机构中的科研重镇。古籍所成立之初,以承担教育部全国高校古籍整理研究工作委员会重点项目《全明诗》的编纂为工作重心,开展一系列古籍整理与研究的相关工作,先后设有明代古籍整理研究室,目录、版本、校勘学研究室和哲学古籍整理研究室。经过全所同仁几十年的努力下,学科方向更加明确,研究特色更加鲜明,科研队伍不断优化,其中中国古代文学、中国古典文献学、汉语言文字学三个专业的建设发展,形成文学、语言、文献诸领域彼此交叉的格局;由章培恒先生首倡设立的中国文学古今演变研究专业,作为新兴交叉学科,于2005年被教育部正式批准为二级自设学科;另有逻辑学专业,专门从事汉传佛教因明学的研究。

经过四十年的发展,复旦古籍所明确了长远的建设规划,确立了以古今贯通研究这一新的学术理念为主导、以文献实证为基础,古典研究诸学科彼此交叉、相辅相成的科研与教学格局。这一规划宗旨,既是回首来路的经验总结,凝结了老一辈学者的大量心血,也是瞻望前路的奋进方向,承载着全所同仁的共同目标。

为纪念复旦古籍所成立四十周年,展示本所研究人员的学术成果,我们特推出这套学术丛书,向学界同仁汇报并企望指正。借此机会,我们要感谢教育部全国高校古委会长期以来对本所建设发展的关心和帮助,感谢复旦大学出版社对丛书出版的大力支持。

陈广宏、郑利华
2023 年 10 月 10 日

目　录

自序 …………………………………………………… 1

《说文》连篆读例献疑 ………………………………… 1
论《说文》释义部分之本字复出现象 ………………… 18
先秦语气词的历时多义现象 …………………………… 28
文言句式略说 …………………………………………… 51
屈辞湘方言小笺 ………………………………………… 63
试论语音史研究框架的转型 …………………………… 66
论摹声语源 ……………………………………………… 91

邹忌三问的语言心理 …………………………………… 106
楚风与楚辞 ……………………………………………… 110
《礼记》政教论 ………………………………………… 121
论荀子性恶论的二重结构 ……………………………… 137
"近取譬"，孔子的一条重要思想方法 ………………… 154
清后期江南地区杰出的教育事业家
　——两江总督陶澍 ………………………………… 160

扬民族之精神　振大汉之天声
　　——"史记研究"课程教学体会 …………………… 173

新颖·系统·实用
　　——评《新编古代汉语》 ……………………………… 186
一本精于辨审的同义词典
　　——评《简明古汉语同义词词典》 …………………… 195
中古汉语词汇研究的新拓展
　　——评《佛经释词》 …………………………………… 203
盛世修文的方言大典 ……………………………………… 211
摩崖群雕
　　——《现代汉语方言大词典》综合本 ………………… 214
宋代江浙语音研究的浓墨重彩一笔
　　——评《宋代江浙诗韵研究》 ………………………… 230

自 序

文集名曰"学古文存",学古者,研习优秀传统文化之谓也。然本集所收,却不含作者的主攻专业——音韵学在内。这有两个原因:一是音韵学论文前此已编专集(《语音史考论》2021年),自当避重;二是自任教职以来,我还曾长期担任过音韵学以外的其他课程教学,如古代汉语、中国教育史等等,涉猎了人文学科不同的学术领域,写过一些文章。虽然学术领域有所异同,"学古"之心则一以贯之。

"学古"源自好古,孔子所谓"我非生而知之者,好古,敏以求之者"是也。我虽不敏,好古则窃有意焉,读古书,教古学,孜孜于研习并传播优秀传统文化,乐在其中。读书教学之余,偶有心得体会,或亦联缀成文以就教于方家,荏苒几四十年矣!除主业音韵学外,又有其他人文学科的论文,累积亦不下十数文。虽然零散不成体系,肤浅不得要领,却也偶有一得之愚,非徒敝帚自珍而已,况且其中还承载了诸多难忘的记忆。值此中华民族伟大复兴之际,国家兴旺发达、蒸蒸日上,以文化自信之宏伟气魄,推动学术事业,建设中华文化,给了我机会将这些文章结集面世,以服务于社会,以求教于学林。

本集入编论文二十篇。据其内容,大致分三个部分:一为古代汉语研究，有《说文》研究、文言语法、词语训诂及语源学研究等论文共6篇，另有1篇音韵学论文《试论语音史研究框架的转型》，因其刊发于2023年，没有赶上前编专集，故附载于此；二为古代文学、教育史、教学法及思想制度史等，共7文；三为6篇书评。

诸文所论均属具体议题，浅尝辄止，卑之无甚高论，谈不上什么建树。然就事论事，似仍有可供参考之处。如"《说文》连篆读例"，这个清儒钱大昕提出的理论，影响深远。三十余年前，我在周秉钧先生门下学习先秦汉语时，曾笃信之，并试图依钱氏之例去读《说文》。久之，渐觉"例"与"文"多不吻合，遂启疑窦。于是下决心全面核查《说文》正文，逐条检验，整体把握，最终促使我得出与古人完全不同的观点：作为一个编写条例，"连篆读例"在《说文》中并不存在，今本《说文》有少数条目的正文可连篆读，实应另作诠解。由此写成质疑之文，呈请先师秉钧先生审正。没想到先生对此予以肯定，并指导修订，允于《古汉语研究》创刊号之后的第一期刊发。这就是本集列首的《〈说文〉连篆读例献疑》(1989)一文。该文是作者求学路上第一篇学术论文，编入本集之首，既是据时间先后的实录，亦寓缅怀恩师之意。记得漫漫求学之路曾先后亲炙诸位先生教诲，印象最深的就是：要广泛而系统地读书，全面把握课题的语言材料，以语言事实为主，辨析肌理，归纳条例，描写事实，提出理论并反复核验理论之当否。这种穷尽材料、重事实、重证据的方法，奠定了我的为学基础，也自然而然成为本集大多数论文的基本思路。

本集篇目虽不多，时间跨度却很大，最早的一文发于1989

年3月,最迟的一文刊于今年(2023)的6月,跨越整整三十四年。古人以三十年为一世,重读这些早年之作,我亦恍如隔世。三十多年,变化之大,天翻地覆。即以研究工具、方法而论,谁能想到由手工做笔记、算卡片、爬格子,进化到用数据库处理语料、电脑操作,文章由"写"到"打",一字之差,天壤之别,不但大大提高了信息处理能力、工作效率和工作速度,对于防止或消除各种失误也堪称脱胎换骨。毋庸讳言,现在看来,这些论文中尚有可改进之处,诸如研究的对象还应当扩大,统计数据还应当更加精准等等。比如《先秦语气词的历时多义现象》(1991)一文,将汉以前文献语言中语气词的发展历史粗分为三期,仅取十三种先秦传世文献作为代表,就显得薄弱,非但出土文献缺席,且传世文献亦未穷尽,无论如何难免遗珠之憾。虽然该文主张的先秦语气词历时久远、其语法功能当有发展变化的想法或许尤未过时,"历时多义"的思路或许仍可借鉴,但文中描写诸词之语法功能及其演变进程是否准确、有没有遗漏,各种手工统计的数据是否可靠等等,则遗留了可疑可议之处。凡此种种,祈望读者诸君不吝指正,若能由此继续展开研究讨论,开掘新材料,提出新的学说,则更是作者所希望看到的。

虽然诸文瑕瑜互见,但此次收编仍遵循旧文新编的常规,一概不作观点、材料方面的修改、增删,以保持其原貌。这样做还有一个好处,就是可以提供语言学史研究的材料,用作后续进一步研究的借鉴,尤其是几篇书评,可谓是某一时期汉语言文字学的某一具体问题研究的某种鉴照,更有语言学史的意义。因而,本集对入编诸文仅作形式上的完善与调整。除重新编排以符合今天的行文规范之外,还作两点修订:一是改正错误,包括错别字和行文中一些明显的错误。二是完善引文信息,主要是补足文中引文出处的版本信息及页码。

最后,我想说:古人有"抛砖引玉"之语,若能凭我这些"旧说"引出新见,甚至带来学术的发展与进步,则夫复何求。

《说文》连篆读例献疑

一

　　《说文》连篆读之例,始发自钱大昕。其缘却起自顾炎武。顾氏在《日知录》中提出"训参为商星"是"天文之不合者也"第二十多条例证,批评许慎《说文》训诂有疏漏。钱大昕却认为顾氏的批评有许多是不准确的,在《十驾斋养新录》中谈了自己的看法。其中有一篇题为《说文连上篆字为句》,就是针对顾炎武的"训参为商星"一条而发的。钱氏曰:

　　　　许君因文解义,或当迻正文者,即承上篆文连读。……古人著书简而有法,好学深思之士,当寻其义例所在,不可轻下雌黄,以亭林之博物,乃讥许氏训参为商以为昧于天象,岂其然乎?①

钱氏此说出,当即得到许多人赞同。孙星衍在《与段大令若膺书》中云:

---

① 〔清〕钱大昕:《十驾斋养新录》,上海:上海书店,1983年,第63—64页。

……反见顾炎武《日知录》指驳《说文》，又可抚掌。今举其一二，……至诋《说文》参为商星，为不合天文。……则顾氏尤疏陋。据《说文》"参商"为句，以注字连篆字读之，下云"星也"。盖言参商俱星名。《说文》此例甚多。①

直到现代，此说仍被学人重视。如刘叶秋《中国字典史略》中介绍《说文》时说："其中有不少字的解说，必须承上篆文来连读，才能领会它的意义。……后人管这叫'连篆为句'。如果不知道这种义例，就会对《说文解字》的释义发生误解。清代大学者顾炎武即曾把'参'字解说读为'参商星也'，因而他指责许慎所说为不合天文，其实是他自己弄错了句读。"②

然而，乾嘉学者中也不是没有异议的。段玉裁说："或云：此以篆文曑连商句绝，释为星也。夫苟泛释为星，安用商字？参商之云起于汉时辞章，联缀不伦，许君何取？"③段氏虽然在《说文解字注》中对此问题多有辩说，然都只是就字论字，故其说不为后人重视。然段氏确实从历史的角度提出了问题，应当引起我们重视。

二

首先，有必要弄清一下钱氏"义例"的意思。钱氏所称"义例"，

---

① 〔清〕孙星衍：《问字堂集》卷四，《槐庐丛书》二编，第19页。
② 刘叶秋：《中国字典史略》，北京：中华书局，1983年，第18页。
③ 见〔清〕段玉裁：《说文解字注·七篇上》，上海：上海古籍出版社，1988年，第313页。

就是把"连篆字为句"看作许慎编《说文》的一种格式。有人根据钱氏的例证考出其范围"一般为专名或固定的双音词"①。比方说：昧爽旦明也，诂训故言也，参商星也，离黄仓庚也，其中"昧爽""诂训""参商""离黄"属固定的双音词，用现代词汇学的术语来说，就是复合双音词。今本《说文》中此类条目不多。专名双音词是特指草、木、山、水诸名词条。如：葵菜也，松木也，崂山在齐地，渭水出陇西。其"葵菜""松木"之属，钱氏亦作连篆读，于文中取例仅十条。然《说文》此类条目甚多，可以类推。② 但并不是所有这类双音词都要连篆读，如"邯，赵邯郸县"。"邯郸"是双音词，编写中并不紧接正篆复出本词。只有紧接正篆复出本词的双音词条目，方连篆字为句。而这种格式是否存在，需要加以实际考察。

三

根据前文所说范围与条件，我们较为详细地考察了《说文》中符合这一原则的词条，作了统计。我们的统计主要针对所谓固定的双音词。草木山水诸专名双音词都是偏正式的，有明显的形式标志，容易归类，后文另作讨论。

经过通篇考察，我们找出《说文》中符合连篆字读条件的复合双音词共计347条。也就是说，如果按照连篆读例编排的话，《说文》中应当有347个固定双音词的连篆读词条。而实际上，347条

---

① 见任学良：《说文解字引论》，福州：福建人民出版社，1985年，第76页。
② 引例出自钱大昕《十驾斋养新录·说文连上篆字为句》一文，由于印刷困难，故未全录。

中只有 25 例按旧说可以看作连篆字读,此外的 322 例都不连篆字为句。如:《木部》梧,梧桐木;桔,桔梗,药名;《鸟部》鸿,鸿鹄也;《言部》说,说释也;《示部》祭,祭祀也;《玉部》珊,珊瑚等。连篆字为句的是如此之少,几乎只占总数十分之一,这就不能不使我们怀疑连篆读例存在的真实性是否可靠了。

四

那么,还有二十五例,该怎样看呢?我们分三点来谈。

1. 连绵字

连钱大昕氏所举之例,《说文》中可以看作连篆字成句的连绵字词条共十二例。许书同部连绵字的编排是两个正篆并出,释文编写情况,归纳起来有如下几种:

(1) 释文复出本词的。如:

虫部 { 虾,虾蟆也。
      蟆,虾蟆也。

虫部 { 蝼,蝼蛄也。
      蛄,蝼蛄也。

鸟部 { 鸳,鸳鸯也。
      鸯,鸳鸯也。

虫部 { 蝙,蝙蝠也。
      蝠,蝙蝠也。

(2) 释文复出本词有残缺,被认为是连篆字成句的。如:

足部 { 跌,踢也。
      踢,跌踢也。

心部 { 忼,慨也。
      慨,忼慨也。

（3）两篆中有一篆下不复出本词的。如：

山部 { 嵯，山貌。
       峨，嵯峨也。

羽部 { 翱，翱翔也。
       翔，回飞也。

"嵯峨"例是"嵯"下不复出本词，即前篆不复出；"翱翔"例在"翔"字下不复出本词，即后篆不复出，而前篆"翱"字下复出本篆，亦不连篆字成句。

（4）两篆中第一篆下不紧靠正篆复出本词的。如：

玉部 { 玫，火齐，玫瑰也。
       瑰，玫瑰也。

邑部 { 邯，赵邯郸县。
       郸，邯郸县。

上列四种排列释解法，可以概括同部迭出连绵字的编例全貌。据统计，《说文》同部迭出连绵字共102条，分布情况如下：

（1）同部迭出释文完整复出本词者78条；

（2）释文复出本词有残缺，被认为是连篆读者12条；

（3）其中一篆下不复出本词者5条；

（4）第一篆下不紧接正篆复出本词者7条。

其中第一种数量占压倒多数，代表了主要倾向，是正例。第四种情况与连篆读无关。第三种的五例又可分为两类：第一类是在两篆之前篆下不复出本词，如"嵯峨"，共两例；第二类是在前篆下完整复出本词，如"翱翔"，共三例。两类中前者编释与连篆读无涉，后者符合连篆读条件而不连。

四种之中,只有第二种的十二条依旧说可以说是连篆字读,段玉裁往往以抄夺目之。姑不论是否抄脱,困难的是,若依旧说,则有该连篆读而没连的78例存在。78对12,数量悬殊极大。个别不能概括一般,所以从整体来说,同部迭出连绵字连篆读是形不成一条体例的。尽可以对这十二例作各种不同的解释,若据以立例,则证据不足。我们认为,既然同部迭出,那么一般得在释文中重复两遍本连绵词,像第一种情况那样。但如果将两个正篆看作一个整体,那么,释文中只出现一次本连绵字就行了。这并不影响释词,而行文又取得简明的效果。这大概就是第(2)、(3)两种情况的成因。因此,可将(2)、(3)两种编例视作同部迭出连绵字的变例。第(4)种情况也可视为变例。

从以上的分析,似乎可得出如下结论:

第一,《说文》同部迭出连绵词是一条编排体例。它基本上是先出连绵字的第一个字再迭出第二个字列为正篆,每个正篆下都隶书重复本连绵词,然后说解。

第二,它们中间有少数变异。表现为:或者在两个正篆下释文中只重复一次本连绵词;或者两个正篆次序颠倒,后篆先出,先篆后出;或者不紧接正篆下复出连绵字:它们都可视为变例。

2. 重言词

如"㑊㑊左右视也"。钱氏共列两例,两例之外,我们仅在《火部》找到一例:"煌煌辉也。"总共三例。

许书中重言词条不多,一般都随文释义,没有定式,难寻义例。即使如此,我们也找到"当迭正文读"而没有迭正文读的重言词

条 15 例,如:

《火部》焆,焆焆。　　《虫部》蛋,蛋蛋。

《犬部》猩,猩猩。　　《马部》驷,驷驷。

这也足以说明,重言词连篆读之例是站不住的。段氏认为"僕"篆下的"僕"字是"复举字","叀"篆下的"專"亦是"复举字"的讹形,所以不承认它们是重言词。而"煌"篆,段氏则认为"夺一字",依《韵会》所引《说文》补正①。可见,剩下的三例"连篆读"的重言词也有疑问,可以作不同的解释。若据之以为有连篆字读一例,则嫌证据不足。

3. 复合词

钱氏共举十例,均可讨论。

(1) 曑商星也。钱意"曑商"都是星宿,故许用"星也"释之。段辩曰:"或云:此以篆文曑连商句绝,释为星也。夫苟泛释为星,安用商字? 参商之云起于汉时辞章,联缀不伦,许君何取?"②认为"商"字当是"晋"之形讹。引《左传》证之,参宿是主晋之星。黄侃则进一步认为"商"应是"唐"之讹,曰"商当为唐,形近而讹"③。今按,《孟子·告子下》:"绵驹处于高唐,而齐右善歌。"《韩诗外传》卷六作"揖封生高商,齐人好歌"。"高商"即"高唐"。"商"即"唐"之讹,于古有证,黄说是也。则此条原本应为:"参,唐星也。"唐讹为商,遂迷茫矣。

(2) 离黄仓庚也。钱氏认为"离黄"连读,"仓庚"释"离黄"。

---

① 见〔清〕段玉裁:《说文解字注·十篇上》,第 485 页。
② 见〔清〕段玉裁:《说文解字注·七篇上》,第 313 页。
③ 见《黄侃论学杂著》,北京:中华书局,1964 年,第 29 页。

其说本《毛传》。《七月》传云："仓庚,离黄也。"陆氏《释文》云："离,本又作鸧,作鹂。"可知《毛传》别本又写作"鸧黄""鹂黄"。《尔雅》云："鸧黄,楚雀也。""仓庚,鵹黄也。"不作"离""鹂"。而《说文·隹部》又有"雒,雒黄也……一曰楚雀也,其色黎黑而黄"。与《尔雅》同,并且重出本篆,不连篆字成句。若依《毛传》将"雒黄"与"离黄"看作一物异名,二篆成为重文,则许氏不必分列两条,只需立其中一篆为正篆,在正篆下注明或体就行了。另外,在编写释文时,两个异体重文,一篆下连篆字成句,一篆不连,许氏的体例恐怕不会如此疏漏。我们认为许氏分立两篆是有原因的。考《玉篇·隹部》有"鹠"条,释曰："楚雀,其色黎黑而黄,亦作鸧。"《玉篇·鸟部》："鹂,鹂黄,又楚雀也。"又《隹部》："离,亦作鹂,仓庚也。"可知顾氏将"离"与"鹂"看成一组；"鹠"等四字看成另一组。这从声音上是讲得通的。后组字从利声,古音脂部。"离、鹂"古音歌部。脂、歌上古相差较远,难以相通。故知《毛传》"仓庚、离黄",作"鸧",又作"鹂",必有一音误。要么作鸧,要么作离鹂。《尔雅》仓庚条不作"离黄"而作"鵹黄",又作"鸧黄",均利声字,可旁证《毛传》亦当为"鸧黄",亦即《玉篇》之"鹠黄",《说文》之"雒黄"。其色"黎黑而黄",故许君从"黎"得其声义,黎者,黑也。而"离"则从"离"得其声义。《周易·说卦》曰"离为火,为日"。《彖辞》曰："离,丽也,日月丽乎天……重明以丽乎正。"《象传》曰："明两作离,大人以继明照四方。"可见,古代以"离"为明丽之色象。"离"鸟之毛色当然不是"黎黑而黄"的了。所以许君大抵要区别"雒"与"离",前者释以"雒黄",另以"黄仓庚"释"离",借以区别。嗣后顾野王又本许意,用"黎黑而黄"释鹠。"雒""离"都是仓庚,毛色不同。本条当读为："离,黄仓庚也。"

(3) 巂周燕也。《尔雅·释鸟》:"巂周燕燕乙也"。舍人读为"巂周、燕燕,乙也"。以为一物三名,此为"巂周"连读所本。其实舍人读法是误解了《诗经》"燕燕于飞"一句,以为"燕燕"与"猩猩"等词一样是重言词专名。这里并非如此,"燕燕"是单音词重叠,意为一只一只燕儿在飞。这才能与后文"颉之颃之"相合。许君不从舍人,读为"巂,周燕;燕,乙也"。王筠《说文句读》"巂"下注云:"此说巂曰'周燕也',说乙曰'燕燕元鸟也'。盖衍一燕字。许君于巂、乙两字下见《释鸟》全文,以见巂、周燕两名为一物;燕、乙两名为一物也。"王说是也。《吕览》、《文选》李善注《七命》均作"巂燕",不作"巂周"。"巂燕"即"周燕"。《曲礼》郑注"巂犹规也"。《释文》:"车轮转一周为巂。"可知"巂"与"规"相通,皆训周。以"周燕"训巂,正同义互训之例。故此条当读作:"巂,周燕也。"

(4) 颣痴不聪明也。"颣痴"两字可单用。《方言》:"痴,骇也。"《说文·心部》:"懝,骇也。""颣"即骇,语之转也。《说文》又作"佁,痴貌"。亦作獃,《西游记》八戒混名叫獃子,即其义。也可连用,但古语连用时常说成"痴颣",不作"颣痴"。如《三国志·魏书·后妃传》:"(毛嘉)其容止蚩骇,语辄自谓侯身,时人以为笑。""蚩骇"即"痴颣"。《玉篇·页部》云:"颣,痴颣,不聪明也。"《广韵·去声十六夬》:"颣,《说文》五怪切,痴颣,不聪明也。"均是。《广韵》明言引自《说文》,与《玉篇》所载全同。可知古本《说文》当作"颣,痴颣,不聪明也"。今本抄脱一字,故误为连篆读。

(5) 诂训故言也。连篆读为"诂训,故言也"。能说通,亦有所本。然而"诂,训故言也"也有道理。因为"训,说教也",那么"训故言"解释为"说解故言"亦无不可。既两说均通,执一之说就不必定了。

（6）脎嘉善肉也。脎，经传作柔，无作脎者。"柔，木曲直也。"段注曰："必木有可曲可直之性而后以火屈之申之。"① 木性柔，故可"揉以为轮"。性柔顺即美嘉，故柔嘉连用。《郑语》："祝融亦能照显天地之光明，以生柔嘉材者也。"作名词用，泛指美善事物。《诗·抑》篇"敬尔威仪，无不柔嘉"即是。《国语》中有两次指"美食"，如《晋语》："无亦晋之柔嘉，是以甘食。"因此，许书为之造本字曰脎。给柔造从肉之本字而不给嘉造相应之本字，正说明许君不认为脎嘉非连用不可。脎有"肥美"义，见《玉篇》；"嘉"亦训"美"，见《周语》韦注。故许君以"嘉"训脎，又申说曰"善肉也"。"善肉"即"美食"。此条当读成："脎，嘉，善肉也。"

（7）昧爽旦明也。段氏补"昧"字，云"旧夺"。严可均曰："小徐、《韵会·十一队》引爽上有昧字。此脱。"桂馥曰："徐锴本爽上有昧字，《字林》同。"② 可知古本有"昧"，段氏补之是也。此条古本当为："昧，昧爽，旦明也。"

（8）湫隘下也。"湫隘"语出《左传·昭公三年》，原文"湫隘嚣尘"，是个联合词组，并未凝固成词。所以杜预分别释之："湫，下；隘，小。"两者意义不同，不必连读。当读成："湫，隘，下也。"《左传·昭公十二年》杜注："湫，愁隘也。"又《昭公三年》杜注"湫，下也"。可见"湫"本有"隘"与"下"两义，故许君两释之。

（9）烽燧侯表也。燧，段改为㒸，认为即"塞上亭，守烽火者也"之㒸，非"有寇则燔然之"（孟康语）之燧。许以"㒸侯表"释烽，犹言塞上亭伺侯之表也。许氏、孟康所说本不相同，不必以孟规许。

---

① 见〔清〕段玉裁：《说文解字注·六篇上》，第252页。
② 《说文解字诂林》"昧"篆下引，北京：中华书局，1988年，第2893页。

(10)胗响布也。段玉裁据李善注《上林赋》《甘泉赋》两引《说文》均为"胗响,布也",证明"胗"篆下本叠出"胗"字,不当连篆读。

钱氏所列十例,作为连篆读几乎都靠不住。而我们又从《说文》中找出了不少符合连篆读条件而不连篆读的例子。如:

嗜:嗜欲,喜之也。

守:守官也。

交:交胫也。

奴:奴婢,皆古之罪人也。

导:导引也。

悔:悔恨也。

枇:枇杷也。

说:说释也。

轻:轻车也。

这就足以说明,《说文》复合双音词的编释并不是一概于正篆下不复出本字,相反,倒是正篆下复出本字者居多。

综上所述,凡双音词"当迭正文者"该连篆读是靠不住的。具体说,连绵词存在着同部迭出例。重言词、复合词并无一定之例,许君随意之所之,或正篆下复出本词,或不接正篆出。尤其是同义复合词,上古大都可单用,如《国语·鲁语》:"山川之灵,足以纲纪天下者,其守为神。社稷之守者,为公侯。""守"字单用,不必非"守官"连用不可。《说文》以"守官"释"守",并非复出本词,"守官"者,"所守之官也"(见韦注《国语》),即其义。固定双音词是否"固定"

还是疑问,又何以据为连篆读例立脚之基?

五

钱氏的连篆读例中还有一类,就是所谓山、水、草、木等名称。这些名称,《说文》多用"某,山也""某,水,出某地""某,草也""某,菜也""某,木也"等格式释说。钱氏认为亦应连篆读,如"葵菜也"。其实,古代汉语(尤其是上古汉语)词汇是单音节词占优势。一部《尔雅》,包罗山川草木鸟兽虫鱼之名,"雅名多别,俗名多共;雅名多奇,俗名多偶"①。雅名几乎全是单音单用的名称。俗名虽"多取雅之共名而以其别别之"②,大多也不是现代"汉江""兰草"之类的"专名+通名"的构词;而多取"别名+雅名"格式,如"山韭""海藻""河柳"等;可见当时"葵菜""河水"式的"专名+属名"构词法并不普遍,不会有成套的"某草""某菜"等"专+属"式名称。这是由古汉语的特点决定的。如果将《说文》中凡"某,水(山木草)也"的词条一概目为连篆读,岂不将这些单音词专名全看作双音词的"专+属"式专名了吗?似与古汉语的历史面貌不合。

我们如果通观一下许君的专名释义的行文,也会觉得他并不着意于连篆读的。若单只看"某,某也"的词目,比方说"枸,木也""苞,草也",当然可以自然地读成"枸木也""苞草也"。但还有别的说法,如"某,某属":"麋,鹿属""貂,鼠属";"某,某名":"韭,菜名"

---

① 王国维:《尔雅草木虫鱼鸟兽释例上》,《观堂集林》卷五,北京:中华书局,1959年,第220页。

② 同上。

"鳜,鱼名"等,就绝对不能连篆读。如果许慎着意于形成一个连篆字读的条例,那么上述词条就不能在后面加"属、名"等字。其实"某,某也""某,某名"与"某,某属"等同属一例,汉诂中常见,如:

《摽有梅》传:梅,木名也。
《山有扶苏》传:松,木也。
《鹿鸣》传:笭,筐属。
《汾沮洳》传:汾,水也;莫,菜也。

就像我们不能将《毛传》诸如"松,木也""汾,水也"等读成"松木也""汾水也"一样,许书中的"某,某也"格式也不能连篆读。

那么,该怎样看《说文》中这大批"某,山在某郡""某,水出某地""某,木也"等词条呢?我们认为这些词条应该看作种属为训。用其属概念来训释种概念,借以揭示其种属关系,阐明词义。当然,一千多年前的分类有很多是不科学、不严密的,但这并不能说明种属为训不存在。

据考察,我们认为《说文》的释词体例中是有种属为训一条的。

首先,许氏对书中许多属概念给予一个表集合意义的义界。如:

谷:续也。百谷之总名也。
瓦:土器已烧之总名。
冠:……弁冕之总名也。
车:舆轮之总名。

所谓"总名"就类似属概念。凡遇到某属下的名物,多以此属之总名训之。如:

貂:鼠属。
麋:鹿属。
麈:麋属。
豺:狼属。
蛟:龙之属也。

《说文·尾部》云:"属,连也。"连即类义。《荀子·赋》篇:"人属所利,飞鸟所害。""人属"就是"人类"。集合有大有小,属种亦互有归属,以至于属中有属,种下连种。"鹿"为"兽也","麋"为"鹿属";"麈"下又连"麈"。诸如此类,联络成群,这就是种属为训的大略。然而训释术语不全用"某,某属",有用"某,某名"者,如:

兔,兽名。
鳜,鱼名。
粱,米名。

较多的是用"某,某也",如:

榛,木也。
粮,谷也。
鹿,兽也。

雁,鸟也。

纯,丝也。

芥,菜也。

喉,咽也。

有时,加修饰限制成分在属名前,构成偏正词组来训释种名。如:

鱼,水虫也。

蛊,腹中虫也。

壤,柔土也。

轺,小车也。

银,白金也。

铜,赤金也。

铅,青金也。

这正是前文所述"别名＋雅名"的格式。

当这些修饰成分放在属概念后面形成倒置定语时,往往在偏正结构之间加"之"字帮助倒装,并加语气词"者(者也)"以助语气,形成"某,某之某某者"式。如:

犬,狗之有悬蹄者。

土,地之吐生万物者也。

婢,女之卑者也。

瑶,玉之美者。

  铣,金之泽者。

  菜,草之可食者。

有时,结构助词"之"可以省去,写成"某,某某者(也)"式。如《石部》"碔,石次玉者",而《玉部》同一类型的写作"玖,石之次玉者"。"石次玉者"与"石之次玉者"意思一样。推而广之,"醴,酒一宿熟也",可以看作"酒之一宿熟也"的省略,"酒之一宿熟"实际上就是"一宿熟之酒"。这样的例子很多,如:

  酷,酒厚味也。

  坪,地平也。

  堪,地突也。

  苗,草生于田者。

  蟓,虫食谷叶者。

  骐,骐骊文如博棋也。

  至于钱氏提出的"某,山在某地""某,水出某地"的格式,亦应是种属为训。"山""水"是属名,用来训释某一具体的山名、水名。只是因为在山、水的属名后面紧接有下文,所以没写成"某,山也,在某地""某,水也,出某地"。古汉语判断句谓语后面常用"也"字煞句,《水部》的"浍,水也"、《木部》的"枫,木也"就是。也有不用"也"煞脚的,《水部》"河,水,出敦煌……"及《山部》"岷,山,在蜀……"等就是。推测前者用"也"字,后者不用"也"字,是因为前者属名之后,无下文,所以用"也"字煞句。后者属名"山、水"之后

有下文,所以不用"也"。就像下列《水部》三例:

菏,菏泽,水,在山阳……
澴,河澴,水,在宋。
澶,澶渊,水,在宋。

"水"后面都不带"也"煞句。这种行文亦见于传注:

《禹贡》传:积石,山在金城西南,河所经也。
龙门,山,在河东之西界。

宋人洪兴祖《楚辞补注》中还可见到:

陁,频脂切,山,在楚南。

所以,我们认为山、水、草、木等专名释解文字,无论加"也"与否,都得视为种属为训。

通过全盘考察《说文》的词条行文款式,我们认为连篆读作为一个通贯全书的条例,是不存在的,应予取消。代之以连绵词同部迭出例和种属为训例。

原载《古汉语研究》1989 年第 1 期

论《说文》释义部分之
本字复出现象

如果有部著作,每七句话中就有一句有问题,那么其整体价值就大打折扣了。流传了千余年的《说文解字》,进入20世纪以后就确实遇上了类似的批评。王力先生在讨论理想的字典时,指出作为字典的《说文》有这样一条不理想,曰"注解中出现被注的字",如"就,就高也"之类。这实际上就是《说文》注家说过的正篆下本字复出现象,不过王力先生是从释义的角度提出的。他说:"字典对于一个字,总该假定是读者所不认识的。若注解中有被注的字,就等于把读者所不识的字作注,虽注等于不注。"尽管以为"《说文》这样,犹有可说",但总寓"毕竟不足为训"之讥[①],基本上是否定的。这一否定实际上涵盖了《说文》9 353个字条的1 343条,约占全书1/7。这意味着《说文》的释义中,每七例就有一例有问题或不足为训。这关系到对《说文》整体价值的评价,因而不是一个小问题。

我们认为判断释义中本复出是否有价值,要看它们是否具有存在的合理性与必要性。《说文》的1 343个本字复出字条,可根

---

① 王力:《理想的字典》,载《龙虫并雕斋文集》第一册,北京:中华书局,1980年,第354页。

据复出之本字是否参与了释义,大致分为两部分:其一部分复出之本字不参与释义,约 400 例。另一部分复出之本字或多或少参与了释义,约 900 例。下面分别讨论。

一、复出本字不释义例

此例又可分为下列几种情况。

1. 衍文

如:苋,苋菜也。/茈,茈草也。/靬,干草也。/歉,歉,食不满也。段氏均目之为"此复举字删之未尽者",以为许氏原本于每篆下均复出本字作注,后经浅人删之,删之不尽故有复举本字残存。此说无古本为证,故难从。黄侃说:"歉同欿。"① 考"欿,食不满也",则"歉"与"欿"同,其释亦当为"食不满也"。复出之"歉"当为衍文。至于"苋菜"之类,许氏惯例是以属名训种名②,不该复举本字,应当看作衍文。

2. 义界复举

许氏套用几种义界格式解释字义,受格式制约而复举本字。如:…者…也　臥,臥者,忘而息也。/……谓之……　皮,剥取兽革者谓之皮。/……曰……　刺,君杀大夫曰刺。/……称……　殷,作乐之盛称殷。/……为……　稼,禾之秀实为稼。

3. 方言复举

如:姐,蜀谓母曰姐,淮南谓之社。/莒,齐谓芋为莒。

---

① 黄侃:《说文同文》,载《说文笺识四种》,上海:上海古籍出版社,1983 年,第 46 页。
② 参阅拙作《〈说文〉连篆读例献疑》,载《古汉语研究》(长沙)1989 年第 1 期。

4. 引证复举

如：铙，小钲也。军法：卒长执铙。/勍，彊也。《春秋传》曰：勍敌之人。

5. "一曰"复举

释完本义后，以"一曰"补释异义，有时需复出被释字以提头。如：我，施身自谓也。或说，我，倾顿也。/汜，水别复入水也。一曰汜，穷渎也。

以上诸例中释义部分出现的被注字，都与释义无关，删掉它，这个条目的释义并无削弱或残缺，所以说它不参与释义。这里不存在以被注字作注的问题。

二、复出本字参与释义例

判断被注字参与释义的依据，是看在注中删掉被注字后，其释义是否完整、色彩是否削弱、说法能否成立。如"就，就高也""心，人心，土藏在身之中"，删去注文中的"就""心"两字，则"就，高也"的注释不成立，"就"无"高"义；"心，人土藏……"语句残缺。可见，被注字用于释义在某种意义上说是不能缺少的。这不是一个逻辑定义的问题，而是个注释的方式方法问题。一个汉字所包含的信息是多维的，立论的角度不同，说法就不同，不可能只有一种模式。如何解说则要依解释目的来定。《说文》的初衷是要通过分析字形构造，来解释"可得而说"的"厥意"，以正视听。教科书式地给每个字所代表的概念下一个稳妥的定义，识字课本式地正音正义等等并非本旨。只要能以形说意（包括笔意、词源意和语用意等），要不要逻辑上的同语反复,并不是主要考虑的问题。所以判断许氏本字复出释义是否合理,要看其训释方法是否对头。

据我的考察,从所有被注字参与释义的实例中可以归纳出五种训释方法,都各有其存在的合理性。

1. 扩词

将被注字(代表一个单词或音节)与别的语言单位组合后扩展成一个词语①,然后根据具体情况,或加以适当注释,或直接以词语代注。如:(A) 逐,逐迤,邪去貌。/翱,翱翔也。/猩,猩猩,犬吠声。/焆,焆焆,烟貌。(B) 守,守官也。/巨,规巨也。/伸,屈伸也。/弦:弓弦也。(C) 交,交胫也。/形,象形也。/合,合口也。/巾,佩巾也。/(D) 憭,憭然也。上例(A)组为连绵词、重言词;(B)组为并列复合词,"屈伸"一条是反义复合,其余为同义复合;(C)组为述宾组合;(D)组为加缀式。

荀子说:"单足以喻则单,单不足以喻则兼。"②指明"兼"(复合词语)有济"单"之"不足以喻"的表义功能。可见扩词是有一定的释义与辨义作用的。如《楚辞·九歌》:"翾飞兮翠曾。"王逸注曰:"身体翾然若飞,似翠鸟之举也。"以"翾然"释"翾","翠鸟"解"翠",一看注文,就知道原作中"翾"是一种飞的样子,"翠"是鸟名。如果不以"兼"相喻,就可能分不清"翾"是"疾速"还是"飞貌","翠"是鸟,还是羽毛或颜色。在这里扩词释义是必要的。

---

① 传统语文学常用"语"来指比字词大比句小的语言单位,如"连语""合二言成一语""古人自有复语"等。今借用其术语,称为"语词"。
② 《荀子·正名》中语,见〔清〕王先谦:《荀子集解》,北京:中华书局,1988年,第418页。

许慎扩词后组成的词语大多是古汉语的常用词语。如"规巨"（规矩），"不以规矩不能成方圆"（《孟子·离娄上》）是先秦熟语。"守官"，《大戴记·千乘》有"执伎以守官，俟节而作"。《左传》有"守道不如守官"。《孟子》作"官守"，"有官守者，不得其职则去"。这就是说，这些词语是活在当时人们口头和书面的语言单位，言谈口说，娴熟于心。加以注解固然很好，像清人王聘珍《大戴礼记解诂》以"不移官"说"守官"，宋人朱熹以"所以为圆之器""所以为方之器"解"规矩"那样。不加注解也是于古有证的，后汉人赵岐注《孟子》就没有解释"规矩"一词。大概是去古未远，"规矩"一词为汉人习用的缘故吧。既然是习用的、已知的，那么为了释义而拐弯抹角地描摹解说，或换一个别的什么字来解说它，又有多大的必要性呢？

应当指出的是许氏扩词解字并非一律以词语代注，而是根据所扩词语的难易习疏而适当加注。如"逶迤""猩猩"等就加以注解。有的词语看似未注，但贯串全书，实际上是加了注的。如《鸟部》："鸠，宁鸠也。"这个条目只扩词，未给词语加注。但同部有"鹠，鸱鹠，宁鸠也"一条，实际上告诉了读者"宁鸠"是什么，异名同物作注。钱大昕说《说文》"文简而义无不该"，读《说文》要"举一返三"①，正是这个道理。

2. 溯源

从音义途径溯其得义之源，从形义关系溯其构形之源。一是溯词源找命名之意，一是溯形源阐明笔意。这两种溯源都经常要用到被注字。

形源例：告，牛触人，角著横木所以告人也。/类，种类相似唯

---

① 〔清〕钱大昕：《十驾斋养新录》卷四，上海：上海书店，1983 年，第 63 页。

犬为甚。/不,鸟飞上翔不下来也。/便,安也。人有不便,更之。/望,出亡在外,望其还也。

溯形源重在点明此种构形之所以然,如"告"与"牛"无关,许氏就以古礼仪的楅牛来说明字从牛的原因,余可类推。以形配义,说其所以然,这是溯形源与普通形训不同的地方。当然,今天看来许氏这些解释多不符合古文字形义,这是我们不能苛求古人的。

词源例:林,葩之总名也,林之为言微也。/籍,帝籍千亩也,古者使民如借,故谓之籍。/姻,婿家也,女之所因故曰姻。/姜,神农居姜水以为姓。姚,虞舜居姚墟,因以为姓。/旃,旗曲柄也,所以旃表士众。/螟,虫食谷叶者,吏冥冥犯法则生螟。/南,草木至南方,有枝任也。

许氏溯词源的声训大多是互训,互训一般不复出本字,故不录。运用一些特定的训诂术语来声训,则大多受制于术语格式要求复出本字。如上所引之"……之为言……""……谓之……""……以为……"等等。"螟""南"以叙述物理的方式进行声训,将声训字包容在叙述当中,若删繁就简,则其核心当为"螟,冥也""南,任也"。因而这两篆可看作互训之扩展。

3. 析义

荀子说"同则同之,异则异之"①,一部《尔雅》,无非就是异中求同,同中求异。"初哉首基"等是异中求同,"五达谓之康,六达谓之庄"等是同中求异。《说文》亦如此,其大量互训材料都是异中求同;同样在给一字下注时,也联系与之相关相类之字进行比较辨

---

① 《荀子·正名》。〔清〕王先谦:《荀子集解》,第418页。

析,像《尔雅》那样用并列句式扼要点明两者之差别,这便是同中求异,现代人称之为辨析同义词。由于辨析同义词必须提到辨析对象,所以在注文中出现被注字是必要的。

许氏辨析同义词有三种情况。

(1) 一篆辨析,如:言,直言曰言,论难曰语。/巢,鸟在木上曰巢,在穴曰窠。/窠,空也,穴中曰窠,树上曰巢。

"言""语"两篆在"言"下辨析,"窠""巢"两字既在窠下辨析,又在巢下辨析。但都在同一字条内辨析,故曰一篆辨析。

(2) 邻篆辨析,如:饥,谷不熟曰饥。馑,蔬不熟为馑。/稼,禾之秀实为稼。穑,谷可收曰穑。/邻,五家为邻。/酇,百家为酇。/鄙,五酇为鄙。

邻篆辨析是把同部同义字连列一起进行辨析,字条上是并列的,语气上是连贯的,读的时候要一气读下,可看作一组。

(3) 隔篆辨析。几个同义字不连列一起,而是隔一个或几个词条遥相呼应对比辨析。如:谋,虑难曰谋。访,泛谋曰访。(隔"诹"篆。)/帷,在旁曰帷。幕,帷在上曰幕。(隔"帐"篆。)/亩,六尺为步,步百为亩。畦,田五十亩曰畦。(隔"甸、畿"两篆。)

有趣的是"本末"两篆,一为"木下曰本",一为"木上曰末"。中间隔着"柢"(树根)、"朱"(树心)、"根"、"株"(树身)遥相呼应,安排得从下到上、从内到外,真是用心良苦。

4. 证例

解释字词要提供例句,已是今天编纂字典、词典的通则。可许慎时代,《三苍》《尔雅》《方言》等都不征引例句,在字条下引用例句书证,就目前所见材料,当推许氏首开其例。例多不烦援引。许氏不但引收书证说字,而且还自造例句,如:宷,悉也。知宷谛也。/尟,是少也。尟俱存也。这两例,"悉"训"宷"之本义,然后用"知宷谛"的句子提供宷字的实际用例,"尟"字亦然。这些引证例句,主要还不是用来解释字义的,因为条目中已有了解释。

但无论征引书证,还是自造例句,许书中确实存在大量的直接以例句释字义的条目。如:盼,《诗》曰:美目盼兮。/扐,《易》筮再扐而后卦。/盟,《周礼》曰,国有疑则盟。/襄,汉令解衣耕谓之襄。这些引证标明了出处,条目中只有引例,没有其他释义,故知是引例释义。还有的直接引例释义未标出处,不易看出是引例释义。如:润,水曰润下。/瀌,雨雪瀌瀌。/绚,诗云素以为绚兮。/武,楚庄王曰,夫武,定功戢兵,故止戈为武。/大,天大,地大,人亦大。/甥,谓我舅者,吾谓之甥。"润"句出《尚书·洪范》,"瀌"句出《诗经·角弓》,"绚"句虽标"诗云",实则出自《论语·八佾》,"武"句出自《左传·宣公十二年》,櫽栝楚庄王语,以解武义。"甥"句出自《尔雅·释亲》,"大"句出自《老子·道经》。许氏号称五经无双,故能信手拈来,信而有征。以例句解释字义,在人们日常生活中并不陌生。现代词典学认为:"人们学习语言过程中,大部分语词是凭直觉学会的,无需'释义'(指日常的'释义'),一个牙牙学语的孩子懂得'妈妈'一词,有谁给他预先释义呢?……每个成年人都可以回忆一下,自己现在所掌握的抽象词汇,有多少是凭'释义'学得来的? 恐怕大部分靠的是一定的语境,而不是'释义'。词典不是也可以提供相应的语境吗?"① 由此得出词典也可以通过提供相应

---

① 黄建华:《词典论》,上海:上海人民出版社,1987年,第92页。

的语境,即实用例句来解释字义的结论。确实,在某些情况下,用例句给词语提供一个实现其价值的语境,通过语境的限定给词语进行语位定义,读者可以从中领悟被解释字的字义。如"润"释以"水曰润下"。看例句就可推知"润"状水性,与潮湿、低洼、渗漏现象有关。知道了这些,于"润"之词义亦思过半矣。翻翻伪孔传、唐孔氏正义、宋人蔡沈《书集传》都不给"润"字作注。究其原因,恐怕是作为常用词的"润"字,在"水曰润下"的语境里,意义是明确清晰的。硬要加注,无非训曰"润,湿也。","湿"与"润"都是常用的同义词,未必"润"就比"湿"更难懂。

许慎不但引经传说字,而且还大量地自造例句解字。据计这类例子有159条。如:得,行有所得也。/有,不宜有也。/司,臣司事于外者。/平,语平舒也。/左,手相左助也。/茸,草茸茸貌。

这些例句大都照顾了形义关系。如"得"句,一定要用"行"字,是为了解形符,"彳,小步也",所以说"行有所得也"。"有"字为了释形符"月",特引《春秋传》:"日月有食之。"(按,许氏将"有"字看作从月,误,"有"当从肉。)而"不宜有也"一释历来号称难解。段玉裁云"谓本是不当有而有之称,引伸遂为凡有之称"①,殊为勉强。今按,以"不宜有也"释"有",实即以"有"之例句释之,"有"有"宜"与"不宜","日月有食之"为不宜,"有民人焉,有社稷焉"等为宜。此例句实为许氏为释本义而作的例,并非说"有"的本义是"不当有而有之"。

5. 释物

透过词义而解说词所指称的对象,包括说明对象结构、性状、

---

① 〔清〕段玉裁:《说文解字注·第七篇上》,上海:上海古籍出版社,1988年,第314页。

功能、发展演变等。我国传统语文学素来讲究循名核实,故而《说文》在很多条目中都涉及了词语所指对象的解说。意在释物,就得以名举物,如：地,元气初分,轻清阳为天,重浊阴为地,万物所陈列也。/郡,周制天子地方千里,分为百县,县有四郡。/箴,缀衣箴也。/簧,笙中簧也。

从上分析可知,《说文》的五种涉及本字复出的训释方法都有合理性,它们都从不同的角度对字词进行了不同层次、不同程度的解释。比方说溯源方法用于解释同源词、同族词。析义方法用于辨析同义词,扩词与证例法都通过提供具体的语境来实现被释字的价值。释物则通过名物关系来释名。它们不仅具有历史价值,而且在现代词典编纂、语文教学等方面都具有很大的使用价值。

这五种训释方法既然是合理的,那么由之而引起的被注字参与释义就是可以成立的。具体说来,扩词、析义与证例三法必须复出本字,不复出本字则词无从扩,义难以辨,例不能证。而溯源与释物中之本字复出并非必要条件,不复出本字并非不能溯源释物,但复出本字则可使叙说充分。

那些不参与释义的本字复出例,除衍文无理外,其余各例尽管没有复出的必要,但也不是完全无理,理由已如前述。

至此,我们可以大胆地说,对《说文》释义中的本字复出现象,绝不能一概否定。而贯穿于其中的训释方法,至今仍有存在的价值,仍是值得我们学习和借鉴的。

原载《古汉语研究》1993年第3期

先秦语气词的历时多义现象

一

"华文所独"的语气词,由于语法意义空灵无实,一直使学者感到不易描述。从古至今,说法很多,纷繁复杂,仁智互见。近来郭锡良先生独辟蹊径,区分了语气与语气表达方式的差别,从新的角度论述了先秦语气词的语法意义,提出了一以贯之的语气词单功能说,这是一个新的进展,取得了令人瞩目的成功。(见《古汉语研究》创刊号和1989年第1期所刊郭锡良先生《先秦语气词新探》。)

我们赞同单功能说,认为在某一历史断面,就语气词的使用状况看,单功能者居多。但是先秦时代本身就是一个漫长的历史时代。就语气词来说,如果把"哉"字出现的殷商时代作为上限,从商代到战国末,其间至少有一千年以上历史。如果将有一千余年发展历史的某种语言现象仅置于一个历史平面上考察,则似乎显得笼统了一些。

语言是有生命的,它有着发生、发展、衰落、消亡这样复杂错综的演化过程。有一千余年发展历史的先秦语气词也不例外,新的功能逐渐出现,旧的功能逐渐转移、削弱或消亡,新旧交织,并都在文献中留下痕迹,层层积累,不同层面的单功能往往经由其历时性积淀而显出多功能特征,这是应当注意的。

所以,有必要对它们进行纵向动态描写。为此,我们将先秦时代划分出早、中、晚三段,并各自选出几部大致属于该段时期的文献作为代表,以实际讨论先秦语气词的历时演变。

文献分段情况如下:

(1) 早期(商周文献)——《尚书》《诗经》《逸周书》

(2) 中期(春秋文献)——《论语》《左传》《国语》

(3) 晚期(战国文献)——《孟子》《墨子》《庄子》《荀子》《韩非子》《战国策》

在研究方法上,为了能达到某种意义上的操作程式化和标准一体化,我们采用比较鉴别与结构分析相结合的方法,具体做法如下:

1. 替换

凭借一词替换另一词来审度语气,这是句子实义相同或相近而语气词不同的比较。如:

> 臣今见王独立于庙朝矣。(秦策三)
> 国有事,臣必闻见王独立于庭也。(秦策三)

上两例词语与结构相近,用"矣"与"也"不同而语气有别,可以比较其异同。

2. 增删

句子自身去掉语气词或加上语气词进行比较。如:

>夫三晋相结,秦之深雠也。(秦策二)
>赵,秦之深雠( ),不利于秦。(秦策二)

上两例,前例有"也",后例去掉了"也",二者语气强弱明暗不同。

3. 分布

句子实义或结构不同,而用同一个语气词的比较。如:

>宰我出,子曰:"予之不仁也!"(论语·阳货)
>令子常,先大夫之后也。(楚语)
>应侯亡地而不忧,此其情也?(秦策二)
>事未可知,祇成恶名,止也!(左·襄二七)

上四例,"也"字分别用于感叹句、判断句、疑问句、祈使句;不同的用法从侧面反映了功能的差异。

4. 搭配

主要指副词跟语气词的呼应搭配,如"既""已",它们只跟"矣"搭配,基本不跟"也"搭配。"既(已)……也"的句子早、中期没有,战国诸子中也只有几个用例。这种不同的搭配关系绝非偶然,它反映各自语法功能的差异。

研究用的言语材料绝大多数取自上列诸书,但替换、增删二法要求有实义与结构相同或相近的对应句组,文献难以满足。这时采用变通的办法,即利用一个例句直接增删或替换语气词以得到参照句。变通后有许多是合理的,就是说,文献中尽管没有记载,但言语中是完全可能出现的。如"女弗能救与?"(论·八佾),"与"可以换成"乎",形成参照。但是也有的句子变通后不合符规律,如"制,岩邑也",换成"矣"就不符合"矣"的应用规律,这个参照句是不合理的,通常作为反例处理。

我们采用上述方法,对语气词的语法作用进行了细致考察,区分了各自的使用特征,从而归纳出语气词在句中传达语气信息的三种作用方式。

1. 表达作用

语气词进入一个句子后,如果确立了或改变了原句的语气类型,那么该词在句中表达某种语气,起表达作用。如:

秦武王谓甘茂曰:"寡人欲车通三川,以窥周室,而寡人死不朽乎?"(秦策三)
谓甘茂曰:"……而寡人死不朽矣。"(史·甘茂传)

前例用"乎",确立句子为疑问语气,后例换"矣",变为陈述语气。"乎"与"矣"都决定了原句的语气类型。句子语气与语气词完全一致,由流溯源,完全可以由句子语气判断语气词的语气类型。

2. 显示作用

句子原本有某种语气而不明显,加上语气词后,使之得到加强与显示。如判断句加"也"。起显示作用的语气词,语气类型与句子语气基本上一致。

3. 附加作用

句子已经具有某种语气,又在句尾加语气词,帮助突出原句语气或配合原句语气表达较为复杂的情绪语势。这种语气词的语气虽与句子语气不同类,不能据句子语气来判断语气词的语气类型,但它确实又在原来的语气上增加了某种东西,所以我们认为它在句子中起附加作用。如:

悠悠苍天,此何人哉?(诗・黍离)

句中"哉"是感叹语气词,加在疑问语气句上,增加情绪的渲染,给原句带上了痛惜之情。

由于语法作用与语法功能互为表里,所以我们就把可以把握的各词的实际用法作为探讨它的功能的可靠向导了。

二

我们选了十个先秦常用语气词,从语法作用入手讨论它们的功能及其变化,为了节省篇幅,常例与定论概从简略。

[哉]

"哉"字最早见于《商书・盘庚》,考商甲文与西周金文中均已有了"哉"字[①],可知它产生于商代。

"哉"字主要用于感叹句,是感叹语气词。但早期还用于祈使句,仅见于早期《尚书》《逸周书》,中晚期不见。如:

---

① 参阅郭沫若:《殷契粹编 1149》,北京:科学出版社,1965 年;陈梦家:《殷墟卜辞综述》,北京:科学出版社,1956 年,第 124 页;张振林:《先秦古文字材料中的语气词》,载《古文字研究》第七辑,北京:中华书局,1983 年。

邦伯师长百执事之人，尚皆隐哉！（盘庚下）
今王敬之哉！（顾命）
王曰："公无困我哉！"（逸周书·祭公）

以"今王敬之哉"为例，去掉"哉"，原句那恳切的希冀就消失了，可断定"哉"字承担了原句的祈使语气，起了表达作用。在"帝其念哉"（皋陶谟）这样的句子中，原句有表祈使语气的副词"其"，"哉"则起显示作用。表祈使语气是"哉"的早期用法。

用于疑问句与反诘句，初见于《诗经》的《邶风》《王风》，可知出现于西周末、春秋初。春秋时只用于特指问句，战国时才有少量用于是非问句，较多见于反诘问句。特指问句的例子，如：

人焉廋哉？人焉廋哉？（论·为政）
费曰："我奚御哉？"（左·庄八）

马氏曰："惟哉字所助之句，凡有奚何询问代字在先……所以为问辞者，在何字，不在哉字。"① 马氏是对的，这些句子去掉"哉"字，疑问语气仍成立，"哉"字并不传疑，只是加上"哉"字后，语气更强烈。如"人焉廋哉"句，咏叹中"哉"字传出了强烈的自信情绪。"哉"字在特指问句中起附加作用。正因为中期的"哉"不传疑，所以春秋时"哉"字不单独用于是非问句，只与"乎、与"连用时才出现在是非问句中。如：

---

① 〔清〕马建忠：《马氏文通》，北京：商务印书馆，1983年，第367页。

> 善败由己,而由人乎哉?(论·先进)
> 鄙夫可与事君也与哉?(论·阳货)

这个时期,"哉"字有了与副词"岂、几"搭配,表示反诘语气的用法,晚期亦常见:

> 晋,吾宗也,岂害我哉?(左·僖五年)
> 利夫秋毫,害靡国家,然且为之,几为知计哉?(荀·大略)

"岂……哉"搭配使用频率很高,逐渐固定为表反诘语气的习惯句式。反诘语气主要由"岂"表达,"哉"字主要起附加作用,然亦不能不受句式同化的影响,或多或少感染疑问语气信息。久而久之,引申出传疑用法,到战国时,"哉"字就可单独用于是非问句了。如:

> 不仁者可与言哉?(孟·离娄上)
> 今周君天下,则我天子之臣,而又为客哉?(东周策)
> 天下有至乐无有哉?(庄·至乐)

第三例可以说是句子结构可以传疑,但另两例句子结构本身并不传疑,原句去掉"哉",那种略带不满情绪的诘问就消失了。也很难说这种句子中存在着一个与"哉"无关的疑问句调,即使有句调,它的落脚点往往在句末,也应当落脚在"哉"字上。反过来,上述例句中,不管把"哉"字读成什么语调,"哉"与原结构结合后传达的仍然是疑问语气,语调在这里并不重要。

总之,"哉"字主要是表感叹语气的,在早期有过表祈使语气的功能,后来消失,晚期引申出传疑功能,但不普遍,是次要用法。

[乎]

"乎"字最早出现在《尚书·君奭》篇,写作"于"。"我咸成文王功于!"这个"于(乎)"是表感叹的。《诗经》"乎"字七用,都不传疑。"乎"字用作疑问语气最早见于《逸周书》。由此推断"乎"字在早期主要表感叹语气,在西周末春秋初才引申出疑问语气来,并成为主要用法;稍后又引申出表祈使语气的功能。

用于感叹句例:

是究是图,亶其然乎!(诗·常棣)
文子曰:"甚乎!其城杞也。"(左·襄二十九)
若登首山以呼:"庚癸乎!"(左·襄十三)

"乎"在句中起表达作用。值得注意的是,"乎"在口语中还可助句之余声。"庚癸乎"的"乎"就不能换成"哉",这是它与"哉"不同之处。

"乎"字传疑是由感叹引申而来的。引申的第一步在口语中表惊异之叹,如"嘻,善哉!技盖至此乎"(庄子),就在赞叹之中含有巨大的佩服与惊诧。惊诧的情绪再引申就成了疑惑。下面的例子富有启发性:

更羸与魏王处京台之下,仰见飞鸟。更羸谓魏王曰:"臣为王引弓虚发而下鸟。"魏王曰:"然则射可至此乎?"更羸曰:"可。"有间,雁从东方来,更羸以虚发下之。魏王曰:"然则射

可至此乎!"(楚策四)

魏王先质疑后惊叹,使用同一句话,可见感叹与疑问是可以引伸转移的。从现有材料来看,《逸周书》中已经有了传疑的"乎"字,则"乎"字由感叹引申为疑问,大致在西周末年。东周以后用例猛增,大大超过了感叹用例,成为主要用法。正如马氏所说:(乎)字"盖即疑而问,质言之而已"①。有疑而问,"乎"字是纯粹传疑的,这是常例,略。

"乎"字用于反诘句时,常与"况、岂"搭配使用,在句中起显示作用。如:

  蔓草犹不可除,况君之宠弟乎?(左·隐元)
  吾岂敢谓子面如吾面乎?(左·襄三十一)

在中期文献中还有少数"乎"用作祈使语气。如:

  吾不忍杀汝,宥女以远,勉速行乎!(左·昭元)
  毋,以与尔邻里乡党乎!(论·雍也)

这个"乎"跟早期表祈使的"哉"大致相同,可以换成"哉"而语气基本不改。试比较:

  我王敬之哉——我王敬之乎

---

① 《马氏文通》虚字卷之九,第362页。

以与尔邻里乡党哉——以与尔邻里乡党乎

"乎"与"哉"一样,在句中起表达作用,传达祈使语气。它们的差异有两点:一是"哉"先出,"乎"后出;二是"乎"表祈使,含有商量意味,而"哉"是期待式的。这种商量式的祈使是由疑问语气引申过来的。疑问当征求对方行为意见时,问话者往往含有主观的要求。如"而能以我适孟氏乎?"(左·定八)表面上询问能否,实际上是与对方商谈,要求对方送"我"去孟氏家,由这里可引申出商量式祈使语气。

[也]

"也"字初见于《诗·东山》篇,《诗经》中有十六首诗用了"也"字,由此推测,"也"字当萌生于西周初年。它分布很广,可用于陈述句、疑问句、反诘句、感叹句和祈使句。其语法作用非常复杂。

用于陈述句的"也",在陈述句各小类都可见到,用得最多的是判断句,其次是描写句,最少的是叙述句。用于判断句和描写句起显示作用,均表论断语气,这是常例,略。用于以行为动词为谓语中心的叙述句时,情况与此不同。这种用法最容易误会"也犹矣也"。其实,春秋时用在叙述句末的"也"字还是以表论断为主的。如:

郑三卿皆知其将为王也。(左·昭六)
疾病则乱,吾从其治也。(左·定十五)

这两例,去掉"也"均叙述一个过程,加上"也"就有了主观确认的语气。"知……也"含有确实如此口气,"从其治也",语气决断,自信很强。

到了战国,这种确认语气开始弱化。如:

(厉)则再拜而辞去也。(齐策四)

原句是纯客观的叙述,作者没有主观确认的意图。"也"加与不加都不影响其叙述。只是加"也"后句子显得舒缓周圆些,不那么急促。又如"举兵伐中山,遂灭也"(韩·外左上),去掉"也"就显得急促,加上"也"才从容不迫。这些例句的"也"都可以换成"矣",显示原句动态的叙述语气,但并不能据此就说"也"与"矣"相通。"也"在这里起舒缓语气的作用,原论断语气已被削弱,类似音节助词了。

"也"字用于疑问句,较多见于特指问句,用于是非问句很少。

用于特指问初见于《诗经》,如"叔兮伯兮,何多日也?"(旄丘),《诗》以后诸书都有。在特指问中,"也"并不传疑,只起附加作用。下例可说明一些问题:

天必欲人之相爱相利而不欲人之相恶相贼也,奚以知天之必欲人之相爱相利而不欲人之相恶相贼也?(墨·法仪)

这里"天必欲……也"是陈述句,"也"表论断语气。在原句句首加"奚以为"就成为特指问句。它之成为问句,并非因为句末有了"也",而是因为句首有了"奚"。"也"仍然与"欲……"构成直接成分,表论断语气。

"也"字用在是非问(包括选择问),出现于中期,初见于《论语》。《论语》以下诸书通共 36 例,为数甚微。与"哉"用在是非问句情形不同的是,"也"只出现于口语之中。如:

"不知天之弃鲁邪,抑鲁君有罪于鬼神故及此也?"(左·昭二)
"……井有仁焉,甚从之也?"(论·雍也)
见叔牂曰:"子之马然也?"(左·宣二)
公曰:"非子之雠也?"(韩·外左下)

上例如果只看字面,去掉"也"原句无疑是陈述(选择问稍异),加上"也",同样也找不出它之成为疑问句的语词上的必然特征。今人判断它是疑问句并不是根据原句言语结构特征,而是通过上下文关系的分析而得出的。从它记载用例很少且又只出现在直接引语这一特征来看,它很可能是一种不规范用法(或声调变异,或读音变异),所以很不普遍,并且限于口语。在不规范的情况下,"也"充当传疑的角色是很有可能的。所以我们暂把它看作一种不规范的表疑问语气的口语用法。在是非问句中起表达作用。

"也"字还与"岂、其、庸、讵"等副词搭配,构成反诘句式。如"夫岂不知楚师之尽行也"(左·桓十三),句中反诘语气主要由副词传递,"也"字起附加作用。

"也"还用于感叹句,初见于春秋时期,如:

美哉！惜也,吾老矣！（晋语六）
乌呼！吾之士数弊也！（韩·难二）

显然,感叹语气是由"哉""乌呼"等词及句式传达的,"也"起附加作用。

"也"用于祈使句有两种情况。其一是与副词搭配使用,如：

寡君须矣,吾子其入也！（左·成十二）
舍之,王勿据也！（楚策一）

上例中祈使语气主要由副词表达,"也"字以主观确认语气帮助祈使。

其二,"也"字与单独动词谓语构成祈使句。如：

公曰："行也！"（左·定四）
吴虽无道,犹足患卫,往也！（左·哀十二）

上例中,动词独用亦可以表祈使,如"行！",但口气强硬。在动词后加"也",却使强硬口气得到某种缓和。这是"也"字弱化用法,在句中类似于音节助词的功能。

从上分析可知,"也"字主要表论断语气。在春秋时有两种变化：一是论断语气削弱,弱化后在句末起舒缓语气的作用；一是在口语中出现了不规范的表疑问语气的用法,但并没有发展成为一条用例。

[矣]

"矣"字最早见于《周书》的《牧誓》《立政》两篇。郭锡良先生指出"矣"表报道新情况的陈述语气①，因而它是个动态的语气词，这是主要的语法功能。此外还可表祈使语气，是次要功能。

"矣"可用于陈述句、特指问句、祈使句和感叹句。

在陈述句中，"矣"主要用于描写句与叙述句，这是常例。它基本上不用于判断句，这是因为它缺乏论断的功能。

"矣"字用于特指问，初见于《诗经》，其后诸书略有几例，为数甚少。如：

> 侯谁在矣？张仲孝友。（诗·六月）
> 费人皆叛，不亲南氏将焉入矣？（左·昭十三）
> 恶有士而无斗矣？（墨·耕柱）

上例均由疑问代词（副词）表疑问（反问）语气，"矣"字的有无对传疑并无影响。"矣"只是报道疑点的状态或变化而已。如"侯谁在矣"中，"矣"报道疑点的持续状态（在），"将焉入矣"叙说事件的可能变化（将入）等。"矣"字起附加作用。"矣"字不能用于是非问句，这是它不能传疑的重要证据。

"矣"字用于感叹句，早期用于呼唤人物：

> 乃敢告教厥后曰：拜首稽首，后矣！（立政）

---

① 郭锡良：《先秦语气词新探》（二），载《古汉语研究》1989年第1期。

> 呜呼！孺子王矣！（同上）

这种呼唤式的用法，中晚期不见。

"矣"字常用于谓语提前的变式感叹句里：

> 逖矣，西土之人！（牧誓）
> 善矣！从栾伯之言可从滋。（晋语六）
> 幸矣！子之先生遇我也。（庄·应帝王）

将谓语提前，成为变式句，句子本身就有很强的语势。感叹语气通过结构变化产生的语势来表达，"矣"字仍然是叙述状态变化为主的语气，起附加作用。

"矣"字用于祈使句，有两种情况。

其一，"矣"字单独与一个主谓结构组成祈使句。如：

> 子往矣！无使执事之人得罪子。（越语）
> 子勉行矣！（赵策四）
> 平原君曰："将军释之矣！"（赵策四）

这种句子，去掉"矣"，原句就如同一个陈述，不像"往也""行也"，去掉"也"，原句还是祈使语气。所以在祈使句中"矣"与"也"作用不同。可以考虑"矣"字表达祈使语气。试比较：

> 勉速行乎！（左传）——子勉行矣！（国策）

两句实义相近,加"乎"、加"矣"都构成祈使,不加则祈使语气不清晰,"矣"和"乎"作用相同。但两者在语气上有细微差别,"乎"表商度式祈使,而"矣"是期待式的祈使。"将军释之矣"是希望你释放他,我希望你这样做;如果换成"乎",口气就偏重商量,"将军释之乎"表达"可不可以释放他,你看着办吧"的意思。

其二,"矣"与表祈使的副词搭配使用。如:

> 君其备御三邻,慎守此宝矣!(左·昭七)
> 今太子迟之,请辞决矣!(燕策三)
> 已矣,勿言之矣!(庄·人间世)

上例祈使语气主要由副词传达,"矣"起显示作用。

"矣"字表祈使语气初见于中期文献,其来源有待考查。

[与]

"与"字初见于《诗经·周颂》,最初用作感叹语气词。如"猗与漆沮!"(潜),后代亦有感叹用例:

> 不降其志,不辱其身,伯夷叔齐与!(论·微子)
> 谓东海之鳖曰:"吾乐与!"(庄·秋水)

但这种用法不多见,不是主要用法。

"与"主要表疑问语气,这个用法晚于感叹,亦当由此引申而来。"与"字传疑,初见于《论语》,以后诸书都有用例,如:

女弗能救与？（论·八佾）

欲作乱者，谁与？（晋语八）

卿明知功不如武安君与？（秦策五）

[邪（耶）]

"邪"字也是个疑问语气词，初见于《国语》（在《左传》出现一次，但在分句末尾）。中期只用于是非问，晚期才扩展到特指问。中期例，如：

王曰："夫子期亡二子邪？吾知之矣。"（楚语下）

今梦黄熊入于寝门，不知杀人乎，抑厉鬼邪？（晋语八）

晚期例，如：

治乱，天邪？（荀·天论）

彼何人者邪？（庄·大宗师）

"邪"与"与"表疑问语气相近，均表探寻语气，与"乎"不同，试比较：

敢问临尸而歌，礼乎？（庄·大宗师）

鲁大夫练而床，礼邪？（荀·子道）

男女授受不亲，礼与？（孟·离娄上）

从上下文可知,第一例子贡因不懂而问,是纯疑问,所以前文用"敢问"提起,后文有孔子的答疑。后两例则不然,说话人本来就有了看法,发问并不想得到解疑,而是想得到某种证实,以引起讨论,辨别是非,所以用探寻语气词。

但"与"和"邪"也不完全一样,时间上,"与"先出"邪"后出。功能上,"与"还可表感叹语气,而"邪"一般不表感叹语气,只有在韵律句中助句以增加感情色彩,如"父邪母邪,天乎人乎"(庄·大宗师)。功能不同,它们的分布也就不同了。

[焉]

"焉"初出现于《周书·牧誓》篇。从功能上看,它可充当宾语,如"忠焉,能勿诲乎?"(论),最初是代词。由于它作为人称、指示代词只能充当宾语,所以多出现于简单句句末,处于煞句的地位。如:

> 宣子辞焉。(左·襄十四,"焉"相当"之",煞句)
> 虢叔死焉。(左·隐元,"焉"相当"于此",煞句)

由于常用于句末煞句,语感上确已寓有语气作用。但还不是纯语气词,一般看作兼词。"焉"的语气词用法,从这里引申而来。

引申的第一步是指代含糊重复化。如:

> 敝邑之职于吴,有丰于晋,无不及焉。(左·哀十三)
> 君若待于曲棘,使群臣从鲁君以卜焉。(左·昭二十六)

"无不及焉"就是"无不及于晋",语义上前文已有"于晋",此处重出冗余,不用它语意仍完整。"卜焉"既可认为指"占卜"地点,也可认为指所占之事。指代对象不明,含糊。这种"焉"字作为句子直接成分来说是个赘余模糊成分,可要可不要。不要,语意并不残损;要它,却在语气上有了新内容。

"焉"字从充当冗余成分再进一步虚化为无所指代,就成为纯语气词了,如:

(息妫)生堵敖及成王焉。(左·庄十四)
虽小道,必有可观者焉。(论·子张)
君因属之以国柄焉。(韩·外左下)

上例"焉"都不能解释为"之、于之",它们无所指代,故已虚化为纯语气词了。在句中表提示性语气。

语气词"焉"还可用于特指问句、反诘句、祈使句。

在特指问中,"焉"提示并强调疑点,以引起听者注意,起附加作用。如"子如不言,则小子何述焉?""焉"强调突出"何述",以否定不言。"焉"并不传疑,因而它也不见于是非问句。

"焉"字常与表反诘的副词搭配,用于反诘句。如:

婴齐,鲁之常隶也,敢介大国以求厚焉?(左·成十六)
先生岂有赖焉?(周语中)

"焉"字用于祈使句较少,且必有表祈使的副词出现。如:

管召,雠也,请受而甘心焉!(左·庄九)

可见"焉"字用于反诘、祈使都只起附加作用,本身并没有表反诘语气与祈使语气的功能。

[耳(而已)]

"耳"是由"而已"合音而来的。"而已"本来是连词"而"和动词"已"构成的词组,本义为"……而止"。如"臣请三言而已"(韩·说林下),"已"训"止"。"而已"又有"罢、作罢"之义,这种意思固定在句末,就进一步虚化为类似"罢了"的仅止语气,"而已"凝固成一个词。

语气词"而已"初见于《论语》,如"有妇人焉,九人而已"(泰伯)。它写作"耳"也最早见于《论语》:"偃之言是也,前言戏之耳。"(阳货)这些例句的"而已、耳"都可用"罢了"对译。这说明"耳"是表仅止语气的,它表达说话人所述的主观意图仅限于句中主题的范围。如"戏之"的只是前言,而不包括别的,仅限于"前言"罢了。正因为如此,"耳"经常与表有限范围的副词"独、特、直、仅"等搭配使用。如:

直不百步耳。(孟·梁惠王上)
刻深寡恩,特以强服之耳。(秦策一)

如果这种严格意义上的限止范围一扩大,"耳"的仅止语气就会发生转移,变得与决断语气相仿了。如:

何以异于人哉?尧舜与人同耳。(孟·离娄下)

这句字面说"尧舜与常人无异",但主观意图上并不严限于说说尧舜的常人之性,而是想要说明人人都有与尧舜相同的人性,都可以经过努力成为尧舜。"耳"实际上表说话人的自信与决断。这个句子再用"罢了"对译"耳"是不够准确的。杨伯峻先生《孟子译注》译为"尧舜也同一般人一样呢",就非常准确。

"耳"转移为决断语气后,与表论断的"也"特别接近了。所以在晚期,"耳"具备"也"的某些分布。如"汤武也者,及能使悦己者使耳"(荀·强国)。

这种"……也者,……耳"句式,就跟"……者,……也"句式特别接近了。又,"而已"不能用于疑问句,而"耳"在晚期可用于特指问句。如:

　　谁并石累石耳?(墨·经说下)
　　流子而去则漂漂者将何如耳?(齐策三)

这里"耳"与"也"的功能相似,在句中起附加作用。可见"耳"在成为限止语气词后,并没有停止演变,其限止界限扩展后,转移为表决断语气,因而有跟"也"合流的趋势。在这个意义上说"耳犹也也"是大致符合事实的。

[尔]

"尔"字是由代词虚化而来的,作语气词初见于《论语》。它是一个陈述语气词,但在语气上是跟"耳"相近,还是跟"焉"相近呢?细审"焉、尔"二字在句中之所传,总觉得语感上有较大差别。如"虢叔死焉"换成"虢叔死尔",就觉不出二者语气相近。只觉得后者语气决断些。反之,如果将"定楚国如反手尔"(荀·非相)换成"焉",则语气就轻多了。

另外,"焉"可跟"耳、矣"连用,表限止断定的复合语气,如"寡人之于国也,尽心焉耳矣"(孟)。这是因为"焉"不同于"耳",可以复合。反过来,"尔"就不能跟"耳、矣"复合,这是不是暗示"尔、耳"相近呢?

还有一例值得注意:

社稷存焉尔!(庄·山木)

这句"焉"是兼词,可兼表提示语气,如果"尔"也表提示语气,就是同义复合,这是不符合句末语气词连用规律的。所以这只能说"焉"跟"尔"不同。

我们认为"尔"的意义,采用马氏的说法,认作表"决断之口气"较好。在中期"尔"跟"也"(论断)"耳"(限止)都有区别。晚期"耳"的功能转移为决断语气后,与"尔"就几乎一样了。

[夫]

"夫"字最早见于《论语》,以后诸书有少许用例。

"夫"在句中主要表一种推断、探寻式的感叹。如:

使宋王而寤,子为齑粉夫!(庄·列御寇)
使我杀嫡立庶,以失大援者,仲也夫!(左·定十八)
用之则行,舍之则藏,唯我与尔有是夫!(论·述而)

这种句子去掉"夫",原句往往都是一种论断或推断。加上

"夫"给句子带上较强烈的感情色彩,正如袁仁林《虚字说》所说,"(夫)意有所见而拖其气以盘旋之,有无限虚空唱叹意"。"有所见"即有某种论断或推断,加"夫"就是从语气上进一步确认并渲染,所以只是一种推断性感叹。有人说"夫"源于"否乎"合音[①],如果仅就语法意义来说,这是抓住了关键的。

综上所述,先秦语气词是一个不断演变发展的语法范畴,随着演化出现了词义的引申、虚化、转移与消亡的复杂局面,呈现出发展的阶段性。不同阶段的不同特征与功能构成了一个个先秦语气词的总体,由此显示出它的历时的多功能特征。

原载《古汉语研究》1991 年第 3 期

[①] 海外学者杜百胜认为"夫"源于"否乎"合音,见其所著《古汉语虚词词典绪论》,载《语言学译丛》,北京:中国社会科学出版社,1979 年。

文言句式略说

一、句式的结构

句式由一些特定的标记构成。标记(marker又译作标词、记号)是指示短语意义与功用的特殊的词。如"他是好人","是"是主谓短语的标记;"顶好的人","的"是偏正短语的标记。① 我们借用这个名词来指称构成汉语句式的特定的词。可见,标记并不是语法词类,而是一些具有特殊语法作用的词。不管什么是词类的词,只要具有这种作用都可以充当标记。我们将由标记句式加入别的成分后构成的言语片断叫作句段,以与一般短语区别。

标记在句中无论是实词还是虚词,都起语法上定向的联系作用,萨丕尔说:"只要词和词、成分和成分排成某种次序,彼此之间就不仅会建立某种关系,并且会在不同程度上互相吸引。大概正是这种不同程度的引力,最终引起成分的稳固团结。"② 句式就是具有这种较强引力的配合,句式的标记往往是两两相配,形成一个

---

① 参阅[美]布龙菲尔德:《语言论》,袁家骅译,北京:商务印书馆,1980年,第245页。
② [美]萨丕尔:《语言论》,陆卓元译,陆志韦校订,北京:商务印书馆,1985年,第99页。

语法框架,表一特定的语法意义。比如"何(奚)……为"就由疑问代词与语气词组成,表一种疑问语气,不管"何"字后再接什么成分,这个成分有多长,"为"字都与"何"字呼应,与"何"字词组构成直接组合关系。如:奚以之九万里而南为?(《庄子》)又如"唯……是……"式。"是"字复指宾语,使宾语前置而得到强调,再加"唯"字进一步确认强调。

"唯"和"是"隔着所强调的对象一前一后相配合,使得句子重心突出,"唯"字不是修饰动词的,而是强调和确认宾语的,它与"是"字是定向配合。

标记间的配合大致有两种情况。

1. 呼应

呼应是指由句末语气词参与的配合,如"不亦……乎""无乃……乎""岂……哉""奚……为""盍……乎""其……邪""……者……也",语气词总是处于句末,位置固定,是个定点标记,它限制另一个标记的位置,不能在其后,同时为了保持语气能一贯相接,不至于脱气,也不能离得太远,所以呼应句式的构成句段一般都较短。比较而言,"……者,……也"式可以长一些。由于句末语气词总是在语气上与前面的标记相呼应,故名之曰呼应。

2. 配置

句末语气词以外的标记构成句式叫配置。这种配合不是定点的。句式构成句段后,进入句子可以处于句子前部,也可以处于尾部。

配置又可分为隔配置与邻配置两种。隔配置例:"唯……是……""若……然""有……者""何……之……""唯……为……"

"以……为……",标记之间总得插入一些成分,才可构成句段,而标记隔着插入成分配合关联,与插入成分构成一个表意整体;邻配置则是标记紧挨着一起,如:"有以……""无以……""何所……""有所……""无所……""何有……""是谓……""何事……""何以……"等等。这种配置较多的是与后面的成分组成句段(也有与前面的成分组合的),然后再进入交际单位。有的在句段中,两个标记处于不同的层次,如:

《左传·襄二十九年》:"齐国之政,将有所归。"

《史记·张丞相列传》:"苍本好书,无所不观,无所不通,而尤善律历。"

无论句段有多长,"所"字总是紧挨"有、无"的;但不管句子有多简单,"所"字总是与后面的成分先组合,再与"有、无"组合。

句式的构句功能指的是句式构成句段的组合能力。对于呼应、隔配置的格式,人们都认为它的构句是往框架中插入或镶嵌一些成分,如吕叔湘先生在讨论"以(为)……故"式的构句功能时说,"我们又有下面加'故',上面又用'以''为'等字的句子,嵌在中间的有时只是一个词,有时是一个小句"①。楚永安先生《文言复式虚词》论"若……然"式时说:"中间插入的可以是名词、形容词、动词或词组。"②

---

① 吕叔湘:《中国文法要略》第二十一章,北京:商务印书馆,1982年,第391页。
② 楚永安:《文言复式虚词》,北京:中国人民大学出版社,1986年,第258页。又,持此说的人很多,可参阅张之强先生《古代汉语语法知识》和康瑞琮先生《古代汉语语法》等书。

无论是镶嵌还是插入，都把句式看成是一个先于句段的框架，是一个与别的成分同时存在的语法格式，就是说，看作一个语言的备用单位。讲镶嵌或插入，只不过是一种形象说法而已。实际上说话时是不会先拿出框架，再插入成分的，仍然是呈线性的依次说出，只是标记的配合多次重复以后，使得听者有了心理上的定向思维，一听到前面的标记，就会预期后面的标记，这才产生了框架的印象。

至于邻配置句式的构句功能则是：连接。与它前面或后面的语言成分相连接，构成句段。连接前面的如"入而能民，土于何有？"（左传·僖九年），连接后面的如"所不与舅氏同心者，有如河水"（《国语·晋语四》）。还有连接前面，后面一起构句的如："大天而思之，孰与物畜而裁之？"（《荀子·天论》）

二、句式的语法作用

句式构成句段后，就可进入交际。当它单独使用时，它就是一个独立的交际单位，一个完整的句子。如：

《史记·晋世家》：悼公问治国于师旷，师旷曰："唯仁义为本。"

《左传·昭十三年》：召观从，王曰："唯尔所欲。"

《左传·襄十四年》：荀偃令曰："鸡鸣而驾，塞井夷灶，唯余马首是瞻。"

《战国策·齐一》：田侯召大臣而谋曰："救赵孰与勿救？"

上面四个不同的句式,构成句段后,都单独用于交际,句段本身就是一个句子。

但更多的是作为一个句子成分进入交际的。常见的用法是在主题句中作主题语或说明语。如"有……者""有……焉(于此)""所为……者"等句式常作主题语。

《荀子·劝学》:南方有鸟焉,名曰蒙鸠。

《墨子·尚同下》:古者有语焉,曰一目之视也,不若二目之视也。

《庄子·人间世》:有人于此,其德天杀。

《庄子·逍遥游》:宋人有善为不龟手之药者,世世以洴澼洸为事。

《战国策·齐六》:所为立王者,为社稷耶?为王立王耶?

《韩非子·说疑》:所为使者,异国之主也;所为谈者,左右之人也。

而"不亦……乎""……谓之……""似(若)……者"等则常作说明语。

《论语·学而》:学而时习之,不亦说乎。

《韩非子·解老》:目不能决黑白之色则谓之盲,耳不能别清浊之声则谓之聋,心不能审得失之地则谓之狂。

《史记·刺客列传》:已而相泣,旁若无人者。

这仅是非常粗略的描写。若一个一个句式归纳考察，可以断定，它们的作用一定是多途的。譬如"为……所……"式，一般作说明语，有时却可作修饰语，如《左传·僖二十八年》："为其所得者，棺而出之。"而"以（为）……故"式，一般作表原因的限定语，如：《战国策·魏策》："乐羊以我之故食子之肉。"但又可以作揭示原因的说明语，如《国语·晋语五》："吾备钟鼓，为君故也。""以（为）……故"又可以构成因果关系的复合句，如《老子》："是以圣人后其身而身先。非以其无邪？故能成其私。"

但是，句式用作陈述句谓语的较少，目前所知，有"以……为"式。如：

《史记·张仪列传》：王以其言为然。
《史记·张骞列传》：天子欣欣以骞言为然。
《战国策·楚策》：虎不知兽畏己而走也，以为畏孤也。
《史记·廉颇蔺相如列传》：臣窃以为其人勇士。

"以……为……"也只是在它表"意谓""使……为"义时，对主语进行动作陈述，若是表"用……为……"义时，则亦充当说明语。如：

《史记·大宛列传》：得汉黄白金，辄以为器，不用为币。
《新序·节士》：原宪居鲁，环堵之室茨以生蒿，蓬户瓮牖，揉桑以为枢。

句式罕用作谓语，大概与它本身特点有关。因为句式构成的句段大都是不具有行为叙述作用的言语片断,这是由标记的限定作用决定的。比方说,语气副词或疑问代词与句末语气词的呼应,决定了它长于表语气而短于陈述。而配置型的句式也得视标记而定。标记都是动词,则自然有陈述作用,但符合这个标准的极少。大多是没有动词或只有一个动词,这就不能不削弱它的陈述功能,而成为描写、说明的成分。

三、句式的变化

句式是严整的,但又不是僵化的。我们不能把它看作僵死不变的框框。因为它是活语言的一个组成部分,在千变万化的使用中,发生一些变化是必然的。问题是量变与质变之间并没有绝对的分界线,而且变化的"起点"也难以判定。

　　如:A组　　何……之有——何有

　　　　B组　　……与……孰……——孰与

　　两组哪组是质变?哪组是量变呢?关于A组,马汉麟先生说:"何……之有又可以压缩为'何有',成为一个凝固的形式,它的意思是'何难之有'或'何爱之有。"[1]似乎看作质变。B组,张之强先生说:"'孰与'这个习惯句式实际上是'(甲)与(乙)孰……'这种句式的变形。"[2]似乎看作量变。两家都没有进一步解释,并且,为什么"何有""孰与"一定是后出的,也难确切说明,但这些问题的存在,并不能否定句式之间在结构与意义上的联系,尽管目前我们还

---

[1] 马汉麟:《古代汉语读本》,郑州:中州书画社,1982年,第22页。
[2] 张之强:《古代汉语语法知识》,北京:北京出版社,1979年,第38页。

不能确实无疑地判明孰先孰后,但哪些句式之间有联系,哪些没有联系;哪些是同源的,哪些不同源,还是可以从它们的形式、意义特征以及使用功能上判定出来,这就给我们提供了考察句式演变途径的可能,通过对较多的先秦两汉句式进行比较、分析,我们觉得,句式演变大概有如下三种途径。

1. 替换

这是产生同义句式的途径。用同义字或通假字替换某个标记,改变其语音形式或书写形式,并不改变句式结构与语法意义。如:

"以、为"同义,有"以……故"与"为……故"
"是、之"同义,有"唯……是……"与"唯……之……"
"似、若"同义,有"似……者"与"若……者"
"如、若、奈"声义通,有"如……何""若……何""奈……何"
"何、奚"相通,有"何……为""奚……为"

替换变式大概是等义变式,所以每一组都可以看成一个"式位",可对它们进行整体考察与描述,而不必顾忌它们的不同。

2. 移位

句式标记前后间隔一般是有定的,但也可以移动。最常见的移动是标记的靠拢(当然也可反过来看作合式句式的两个标记互相分离)。移位不改变标记的言语形式,只改变位置。改变位置后,多少对句式的意义有影响。当然这种影响甚微,不足以从心理上把两个变式的意义联系割断。如:

以……为→以为(表意谓)　　若……者→若者(表假设)
如……何→如何(表疑问)　　不……者→不者(表否定假设)
既……而→既而(表完成)　　每……辄→每辄(表频率)

像"……与……孰……"与"孰与"式的移位则较为特别,不是靠拢,而是超前。试比较:

(A) 吾与徐公孰美?
(B) 吾孰与徐公美?

两句均出自《战国策·齐策》,除了"孰""与"的位置不同外,其余都相同,意思也一样。完全可以看作"孰"字移至"与"前,作这种移位大概最初是为了修辞的需要。至于"……孰与……"后来变成"怎么比得上"的意思,意思大不同了,句子变成了反诘句,标记"孰"也发生义变,则应该看成另一句式。

因移位产生的一组变式,可以称为离合句式。一组离合句式,往往只一个离式和一个合式,从离式的角度上说,合式是离式的压缩;以合式的角度上说,离式是合式的扩展。

若论构成句段,则压缩是该插入句式中的成分省略或外移。如"以……为→以为":

(A)《史记·张仪列传》:王以其言为然。(离式)
(B)《史记·陈涉世家》:吴广以为然。(合式,省略)
(C)《史记·李将军列传》:以为李广老,数奇。(合式,外移)

作为压缩的对立面的扩展,构成句段就是插入成分了。康瑞琮先生说:"有时在'奈何''如何''若何'之间插入名词、代词或词组,变成'奈……何''如……何''若……何'的形式。"①实际就是讲插入后合式扩展。可见,取的角度不同,说明的方法就不同。

3. 损益

有些句式某个标记增加了(或省简了)同义词或纯音节词,亦形成变式。如:

若……然→似若……然
何……为→何以……为
为……所→以……所见

损益变式往往可反映某种变化的时代特征,如"为……所"是战国、秦汉间常见的被动式,而"为……所见"则先秦不见。

附:隐含。句式要有呼应配合,所以通常必得两个标记参与构成,一个标记构不成一个句式。但有时,某些经常充当某句式标记的单词在句中隐含有此句式的意思。如"唯……"隐含有"唯……为……"的意思:

《庄子·人间世》:唯有德者能之。
《庄子·人间世》:唯道集虚。
《庄子·齐物论》:唯达者智者通为一。

---

① 康瑞琮:《古代汉语语法》,沈阳:辽宁人民出版社,1981年,第53页。

"唯有德者能之"意为"唯有德者为能之",余类推。隐含不是变式,因为单词本身不是句式,但它在意义上可以有所隐含。这个特点我们要予以注意。

以上仅就句式间的形式、意义的联系而谈的,并不着意于它们的历史变迁。

四、结　　语

从上所述可知,句式应该是汉语句法的重要组成部分,汉语句子成分凭语序和虚词联缀组合,这是人所共知的。过去有些外国汉学家夸大语序特点,由此认为汉语是"列位语",这是不妥的。[①] 因为语序不是句法的唯一手段,还有虚词与句式,在形式上说,句式是相对稳定的,标记之间互相配合,达到表达特定意义的作用;从意义上说,它既可表关系义,如支配、并列、说明等等,又可表范畴,如时态、语态、语气等等。这体现了语序、虚词两种手段的功用。

句式还以其足够多的数量,形成了一个语法系统中的子系统,句式与句式之间的意义、作用都有同异,形成互相对立而互相补充的关系,这构成它的系统性。我们可以根据这个特点给句式分类,比方说,第一级分出语气句式和关系句式。第二级,语气句式中又分出判断式、疑问式、反问式、推测式、慨叹式、祈使式等;关系句式下又分出:意谓式(以……为)、称谓式(谓之、之谓)、存在式

---

① 参阅潘允中:《汉语语法史概要》,郑州:中州书画社,1982年,第155页。

(有……者,有……焉)、象似式(若……然,若……者)、比较式(莫……于……,莫……焉)、强调式(唯……之[是]……,唯……为……)、被动式(见……于,为……所……)等等。讲句子的结构模式可以讲句型,讲句子的结构特征却可以讲句式,两者相得益彰。

从实用的观点来看,讲句式还有利于认识古汉语的结构特点,帮助古汉语的教学。王力先生说过:"从来讲古汉语虚词的人往往只讲单词,这是很不够的。有些固定结构既不是单词,也不是复音词,而是固定词组,或上下相应的结构(如"唯……是……""何……之有""奚以……为"),不懂虚词性的词组,常常看不懂古书。"①因为标记通过配合以后,常常有了一种特定的配合义,不了解这一点,就是知道了它的词性和一般的语法意义,也不一定能搞清楚句式的意义。如"何有"并不是"什么有"的意思,而"孰与"更不是"谁同"的意思。只有了解了它是个整体结构,才知道从配合关系、语法范畴等方面去体会它的意义,得到正确的理解。我们读古书有时觉得字字认得,单词都懂,就是连不成句,除可能的其他原因外,恐怕句式没有弄懂也是原因之一吧。所以,在古汉语中,对句式进行系统研究似乎是很重要的,希望能引起足够的重视。

原载《云梦学刊》1993 年第 4 期

---

① 王力:《〈古汉语复音虚词和固定结构〉序》,载洪成玉:《古汉语复音虚词和固定结构》书首,杭州:浙江教育出版社,1984 年。

屈辞湘方言小笺

作为楚国人唱楚风,屈原在创作中自然而然地运用了许多楚地(特别是南楚江湘一带)方言词语。约三百年之后,同是楚人的王逸给《楚辞》作注时,往往指出某即是南楚方言之某,等等。时至今日,属于古代南楚江湘沅澧区域的湘方言,不敢说它一定是战国南楚方言的一脉相承的后裔。但是我们却惊奇地发现,王氏所指示的《楚辞》中之楚方言词仍能从今天湘方言中找到印证。如:

《离骚》:"凭不厌乎求索。"王注:"凭,满也。楚人名满曰凭。"宋人洪兴祖补注:"凭,皮冰切。"其音上古並纽蒸开三等。按王力拟音当读[bʻəŋ]。今湘水下游,长沙一带称水满为"朋涷"[pʻəŋ²¹ tʻəŋ⁴⁵]。"朋"亦可单用,如"水都朋出来了"。从"凭"到"朋"只是浊音清化,符合汉语音变规律。湘方言的"朋"很可能就是古楚方言"凭"的后代。

"朋涷"一词的"涷"也见诸《楚辞》。《九歌·大司命》:"使涷雨兮洒尘。"王逸注:"暴雨为涷雨。"洪补注:"涷音东,《尔雅》注云:今江东呼夏月暴雨为涷雨。"王氏没有说"涷"是否楚方言,洪氏引晋人郭璞之说,指为江东(属东楚)方言。其实湘方言亦有这个词,除了与"朋"合用为"朋涷"外,还可单用重言为"涷涷",如讲湿透了就说"水涷涷的"。《大司命》之"涷雨"的意思应当是透雨,即透湿的雨。又如：

《橘颂》："曾枝剡棘。"洪注："《方言》凡草木棘人，江湘之间谓之棘。"此词雅语今作锥，而湘方言则称以刺扎人为棘，音[tɕi³³]或[tsi³³]。

《云中君》："飙远举兮云中。"王注："飙，去疾貌也。"洪补注音："卑遥切"。今长沙、湘阴、汨罗、平江等地称迅速捷奔为飙[piau³³]，如"他一飙就飙到城里"。

《离骚》："及年岁之未晏。"王注："晏，晚也。"晏字本义是"天清"，见《说文》，不当晚讲。"晏"作晚讲当是中原"旰"的楚语变体。《说文》："旰，晚也。"音古案切，见纽山摄。《左传·昭十二年》"日旰君劳"，即其义。"及年岁之未晏"一句，用普通话来读，必须将"晏"解为文言词语，而用湘方言读之，就文以字顺了。

《离骚》："悔相道之不察……""相"字多次出现，王逸均注为"视也"，洪补音"息亮切"，念去声。在普通话单独一个"相"字决不当"视"讲。而今岳阳人口语中称"看视"为相，如"我相起那里冒人"，"有事冒事要相一下"，等等。"相"在先秦当"省视"讲，是一个通用语词，亦见于《说文》，后来雅语逐渐消失，湘地方言中却保留了下来。

同样表示视望义的"眙"，见于《思美人》："鉴涕而竚眙。"洪补注："眙，直视也。丑吏切。"彻纽志开三等。普通话亦无此词，而长沙人近距离直视名为瞭[tɕʻi²⁴]，汨罗江流域的平江、湘阴、汨罗、岳阳等地称直视为瞅[tʃʻɿ²³]。按照王力的说法，"彻"纽[ȶʻ]发展到现代卷舌音，中间经历了舌面前塞擦音[tɕʻ]和舌叶塞擦音[tʃʻ]两个阶段（参阅《汉语史稿》）。可证湘方言上述两个有关直视义的词实际上就是从"眙"变来的。

运用湘方言读屈辞不但感到怡然气顺,而且还可资引证,来解决一些训诂疑难。试证之,如:《离骚》:"薋菉葹以盈室兮,判独离而不服。"判字,王逸注"别也"。这是通训,然而将"判独离"串讲为"判然离别"则有不顺之嫌。考《方言·十》:"拌,弃也。楚凡挥弃物谓之拌。""判"应当是"拌"之借字。今楚地大多数地方不见此词,唯湘语区湘阴、汨罗、长沙等地称抛弃为"拌",音[pan^{21}],如"他把桌上东西都拌了",意为都丢掉了。"判独离"应当是"拌独离",判(拌)者,弃也。独离者,远逝以自疏也,判独离合起来为"鄙弃小人,孤高自疏"之意。又现今湘方言有"懂"字(其他方言也有),"知晓"之义,学者均以为"懂"即《方言·一》"党、晓、哲,知也,楚谓之党"的党。古代楚国方言称知晓为党,文献中不见实例。其实这个词在屈辞里是存在的,不过屈子用了另一个同音假借字"当"字而已。如《离骚》:"览察草木其犹未得兮,岂珵美之能当。"这句"当"字王逸无注,但很难解。胡念贻《楚辞选注及考证》根据《汉书》"廷尉当"的用例,认定"当"字有"评判"义,亦觉迂远。这里当字应当就是《方言·一》所记之党字,表"知晓"义。"岂珵美之能当",就是"岂珵美之能懂"。全句指斥党人贪婪鄙陋,既不知草木之美,更不懂珵美之富也。同样《九歌·思美人》:"因归鸟而致辞兮,羌宿高而难当",句中的"当"亦应解为"懂"。

原载《古汉语研究》1994年第3期

试论语音史研究框架的转型

汉语语音史几乎是伴随着上古音研究而开始的。随着上古音研究的成长,在经过了宋元明清诸代漫长的酝酿之后,语音史从上古历经中古、近代以达现代的研究框架终于在 20 世纪初成型,随之而来的是上古音、中古音和近代音的纵向研究全面展开。但随着时间的推进,研究的步步深入,语音史各个时代的研究在不断取得成就的同时,也经常遭遇到来自历史上的共时层面复杂语音现象的挑战。这些新的挑战,一次又一次地提示我们是否应当对不同时代平面上丰富多彩的语音现象作出多视角的考察,把历史语音的空间差异纳入研究框架之中来?毫不夸张地说,时至今日,形形色色的挑战天长日久积累起来的能量已经将语音史推向了一个十字路口,是沿袭已有的依时间线索单向推进的路径继续前行,还是迅速调整,引入空间维度以促使语音史框架作出历史性转型,已经成为语音史学科进一步发展的一道绕不过的必答题。有鉴于此,我们将简要地回顾语音史学科的萌生与百来年的发展进程,展望发展的方向,尝试给出我们的答案。

一、语音发展观和语音史

音韵学研究古汉语语音,就是要在语音发展观的指导下,对不同历史时代的语音状况及其发展变化作出翔实的考证和科学的论述,以建构语音史的框架与体系。通常思想是行动的指导,但语音史的研究却先有行动,后有思想。从学术史的角度来看,语音发展观的形成有一个从偶然涉及古音进而到有意识地揭示古音的漫长探索过程,随着古音材料愈益丰富,对古音的了解愈益深入,有关语音古今变化的思想越来越清晰,语音史才逐渐得以成型。

(一)汉唐人偶说古音

戴震《声韵考》卷三云:"古音之说,近日始明。然考之于汉郑康成笺《毛诗》云:古声填寘尘同,及注它经,言古者声某某同,古读某为某之类,不一而足,是古音之说,汉儒明知之。非后人创议也。"①戴氏所述郑笺,出于《豳风·东山》篇,以今所见文献,这的确是最早述及古音的材料。郑玄以后直至宋代,偶尔述及古音者,代有其人。如东汉末刘熙《释名》述"车"之语源说"古者曰车,声如居……今曰车,声近舍",后来三国人韦昭又驳之曰"古皆音尺奢反,从汉以来始有居音"即是,②其后大概又有李季节、颜之推、王劭、陆德明、孔颖达、颜师古等等,不一而足。诸说之中颇有可称道者。

以颜之推为例。参与《切韵》纲纪讨论的杰出语言学家颜之推,他主张语言文字当使用"正音",为了正音,必须"参校方俗,考

---

① 〔清〕戴震:《声韵考》卷三,严式诲辑刻《音韵学丛书》,北京:国家图书馆出版社,2011年,第3页。
② 刘熙语见《释名》之《释车第二十四》;韦昭驳说见《经典释文》之《毛诗音义上》,《召南·何彼秾矣》"车服"条下引文,北京:中华书局1983年影印通志堂本,第57页。

核古今",这是他的原则。从《颜氏家训》可以看到,他所说"古今"的"古",绝不是古文家为了骈俪而加的衬字,而是确有其事的。著名的一个例子就是《颜氏家训·音辞》篇中的一段文字:

> 北人之音,多以举、莒为矩,唯李季节云:齐桓公与管仲于台上谋伐莒,东郭牙望见桓公口开而不闭,故知所言者莒也。然则莒、矩必不同呼。此为知音矣。①

李季节即李概,算是颜氏同时代人,著《音韵决疑》,该书今已佚。颜氏所引当出自该书。这段材料说的是一件发生于先秦时代齐国的事。《管子·小问第五十一》记述齐桓公与管仲密谋伐莒,伐莒之令尚未下达,国中即已传言伐莒。传言自何而来?找到一个叫东郭邮(即东郭牙)的最初传言人。下面是齐桓公与东郭邮的对话:

> 桓公……问焉。曰:"子言伐莒者乎?"东郭邮曰:"然,臣也。"桓公曰:"寡人不言伐莒,而子言伐莒,其故何也?"东郭邮对曰:"臣闻之,君子善谋,而小人善意。臣意之也。"桓公曰:"子奚以意之?"东郭邮曰:"夫欣然喜乐者,钟鼓之色也。夫渊然清静者,缞绖之色也。漻然丰满而手足拇动者,兵甲之色也。日者臣视二君之在台上也,口开而不阖,是言莒也。举手而指,势当莒也。且臣观小国诸侯之不服者,唯莒,于是臣故

---

① 王利器:《颜氏家训集解》,上海:上海古籍出版社,1980年,第496页。

曰：伐莒。"桓公曰："善哉。"①

"东郭牙事件"还见载于《吕氏春秋》《韩诗外传》等书。东郭牙根据齐桓公发音时的口型"口开而不阖"，判断他说的是"莒"字。颜氏转引来说"莒"与"矩"古不同音。从《切韵》音看，"莒"属于鱼韵上声，"矩"属于虞韵上声，当时北人语音中，"多以举莒为矩"，说明这两个韵的字多数人读混了，也可能有少数人没混。究竟这两韵当分还是当合？颜氏以为当分。他之所以审音从少数，理由就是这少数符合古音。他盛赞李季节确定"莒矩不同呼"为"知音"。后来陆法言《切韵》中，鱼、虞两韵也是分的。这应当是"萧颜多所决定"的一例。可见颜氏等人考核古今，确有其事。

汉唐间虽有人提及古音，但并不等于古音学就此开始。李荣说："汉朝人就知道古今音异，可是系统的研究上古音，是从宋朝人开始的。"②因为汉唐的古音考核都是仅就某一特定之字，偶然一提，不成体系，更看不出是否萌生了古今语音演变的思想。

（二）宋人的古音研究实践

对古音认识的朦胧含混现象到宋代大为改观。宋儒考察古代文献中的特殊语音现象，揭示的古音现象越来越多，对古音的认识越来越清晰，古音学作为一个新兴学科于是逐渐成型。体现在三个方面：

一是古音学的基础理论和术语体系初步建立。宋人已经意识

---

① 《管子》第三册第十六卷，《四部丛刊》本，第十一页。
② 李荣：《音韵存稿》，北京：商务印书馆，1982年，第30页。

到,古音是一个与今音相对的学术概念,各有不同的内涵。这是因为宋人看到了诗骚用韵大面积与礼部韵不同,推想这是时代不同造成的,需要将它们视为古音的押韵,项安世所谓"《诗》韵皆用古音,不可胜举"①是也。由此宋儒建立了古音、今音这一组对立统一的语音史概念,从而奠定了古音学的学理基础。他们认为一个字有今音,也可以有其古音,而这些见于诗骚特殊用韵中的古音,往往被韵书、音义书所遗漏,所以,吴棫要作《毛诗补音》以补释文《毛诗音》之遗,著《韵补》以补《集韵》以及礼韵之遗。②

二是方音暗合古音的思想,即方音存古和方音证古说。以今所见,朱熹、项安世都有过明确的论述。且看朱熹的 3 条代表性言论:

(1) 大抵方言多有自来,亦有暗合古语者。③

(2) "诗音韵有不可晓处。"因说:"如今所在方言,亦自有音韵与古合处。"④

(3) 雄,与凌叶,今闽人有谓雄为形者,正古之遗声也。⑤

第 1 条将方言的来源与"古语"挂钩,从现代语言学的角度来

---

① 〔宋〕项安世:《项氏家说》卷四,《丛书集成初编》本,第 50 页。
② 参见刘晓南:《朱熹的古音学》,《西南交通大学学报(社会科学版)》2020 年第 2 期。
③ 〔宋〕朱熹:《杂著·偶读漫记》,《晦庵先生朱文公文集》卷七十一,《朱子全书》第 24 册,上海:上海古籍出版社,合肥:安徽教育出版社,2002 年,第 3420 页。
④ 〔宋〕朱熹:《朱子语类(第 6 册)》卷八十,北京:中华书局,2020 年,第 2081 页。
⑤ 〔宋〕朱熹:《楚辞辩证》,李庆甲点校:《楚辞集注》,上海:上海古籍出版社,1979 年,第 190 页。

看,这是历时的阐述。第 2 条的"所在方言"指当时各地方言,明确指出各个不同方言的音韵中都有一些与古音相合的地方,这相当于是从共时层面的考察。第 3 条告诉我们闽音中那些不合礼部韵系但与诗骚协韵相符的读音是"古之遗声",也就是说,方音中与古音相合的部分,是古音的遗留,因而可以证古音。一言以蔽之:当代活的方言语音中保留了古音,古音亦可利用当代活方言来诠释。在吴棫、朱熹的诗骚叶音中可以看到许多当时方言语音的影迹①,即缘于此。

三是初具古音研究的方法体系。从吴棫、朱熹、程迥以及其他宋人的古音研究中,我们可以感知到他们的研究方法渐臻成熟,且已成体系,大致可以归纳为以下诸种。

(1) 古诗用韵例推之法。

(2) 声符相推之法。

(3) 古音注相推之法。

(4) 古音通转之法。

(5) 方音证古之法。②

总之,与汉唐的偶然一提不同,宋人对古音的研究是有思想指导、有理论依据的对古音现象的批量考察。他们强调古音、今音使用之时代差异,显示古音与今音各有不同的音类归属。他们考察古诗文中的古音,目的是要揭示古音与今音之差异,以帮助学者读懂和理解古代文献。故有宋一代,参加到古音研究中的学者较之

---

① 参见刘晓南:《论朱熹诗骚叶音的语音根据和语音价值》,《古汉语研究》2003 年第 4 期。

② 参见刘晓南:《朱熹的古音学》,《西南交通大学学报(社会科学版)》2020 年第 2 期。

前代大大增加,已然形成了一个研究群体,写过专著或有专题论著的,有吴棫、程迥、朱熹、项安世、郑庠等人。至于关注古音,或泛发议论,或偶考古音者更是多见,如方崧卿、王质、蒋全甫、黄子厚、傅景仁,甚至大、小徐整理《说文》都可以看见他们时而提及某字之古音等等。有宋一代,古音学专著如春蕾初绽,颇为精彩。流传至今的重要著作有吴棫《韵补》、朱熹《诗集传》《楚辞集注》,至于见诸记载且对后代造成影响的还有吴棫《毛诗补音》、程迥《古音通式》、郑庠《古音辨》等等。

(三)古今音变思想与语音史

1. 宋人的古今音变思想萌芽

在语言学史上,叶音是宋儒研究古音的主要方式,其代表人物是吴棫、朱熹。自明末以来,对宋儒"叶音"开展了广泛的批评,可以说充分地批判了其消极的一面,但对其积极的一面关注不够。我们认为,"叶音"的一个重要意义就在于萌生了宋儒的"古今音变"思想。

以今所见,最早显现"古今音变"思想的是吴棫。吴棫早期的古音学著作《毛诗补音》里其实就有了比较清晰的古今音变思想。因《毛诗补音》已佚,故而后世学者仅据其《韵补》来论其古音学。看到他的取证古今杂糅,字无定音,故而不为采信。如麻韵所收的一组从"叚"得声的字,《韵补》上平声九鱼洪孤切小韵收"霞瑕鰕騢豭",下平声七歌寒歌切小韵收"霞瑕蝦遐",一会儿入鱼部,一会儿入歌部,给人大道多歧之感,颇有疑惑。但在《毛诗补音》中,"瑕"等字的论说就大不相同,甚至可以说精彩:

《补音》不瑕,洪孤切。《史记·龟策传》:"日辰不全,故有孤虚,黄金有疵,白玉有瑕;事有所疾,亦有所徐。"《太玄·众首》:"军或累车,文人摧挈,内蹈之瑕。"《礼记》引《诗》"瑕不谓矣",郑云:"瑕之为言胡也。"秦晋以前凡从叚者,在平则读如胡,魏晋之间读如何,齐梁之后读为胡加切。《楚辞·远游》:"漱正阳而含朝霞,精神入而粗气除。"司马相如《大人赋》:"回车揭来兮会食幽都,呼吸沆瀣兮餐朝霞。"曹植《洛神赋》:"升朝霞"与"出渌波"叶。左思《蜀都赋》"霞"与"峨峨"叶。此以霞为何也。又《魏都赋》"遐"与"罗"叶。陆机《应嘉赋》"遐"与"波"叶。此以遐为何也。韩愈《元和圣德诗》"瑕"与"拊"叶,又以遐为古。白居易效陶诗"暇"与"坐"叶。①

这段话中的点睛之笔就是:"秦晋以前凡从叚者,在平则读如胡,魏晋之间读如何,齐梁之后读为胡加切。"看到这段话,才明白《韵补》为什么要将这批字一会儿收入歌部,一会儿收入鱼部。原来他是要说,这些字在秦晋时归于鱼部,并引述先秦两汉的例据证之,到魏晋之间转归歌部,同时引魏晋时的例据证之,时代之音与例证若合符契。试将吴氏此意,以音标图示如下:

	先秦两汉	魏晋六朝	隋唐宋
	读如胡	读如何	胡加切
霞瑕…	ɣu ──→	ɣo ──→	ɣa

上图显示了这批字之入歌还是入鱼,不是一般的一字多音,而是一字之音在不同时代的不同表现,这是不折不扣的古今音变。

---

① 〔宋〕杨简:《慈湖诗传》,《豳风·狼跋》"德音不瑕"下引文,《四明丛书》本。

在这里，"音随时代而变"的意思是清晰的，说的是不同时代有不同的音，并非古音漫无定准。洞彻此义，你不得不佩服其高明。难怪王质要在《诗总闻》中大加赞叹："善哉，吴氏之说！曰载籍所传，自三代而下，以至于今，一字之声无虑数变。"①吴氏《补音》中这段精彩的论说，在《韵补》中却受制于编辑体例而被分解、被简化，"秦晋以前……"这句点睛之笔不见了，尽管将从叚声的字分收于鱼、歌两部，并与不同时代的例证相配合，仍隐然微露字音随时而不同的意思，但"音变"思想却隐晦不显。实际上吴氏将很多字都兼入多个韵部，读者一般找不出其间的古今变化脉络，的确凸显了大道多歧的弊端。看来，吴棫并没意识到他的这个发现的重大意义，音变思想仍不甚明确。

王质说吴氏发现了"一字之声变"，从引文看，吴棫并不仅仅指"一字"，他从谐声的角度立说，应当指的是一个谐声系列的一组字。与"一字"相比，范围较大，可以看作一个音类，但还是没有达到音系的层面。跟宋代其他学者一样，他还没有古音系的思想。②从文献记载看，宋代也出现了有关古韵部著作，即郑庠《古音辨》，但郑氏古韵六部，其实只是据时音六种韵尾合并礼部韵的大杂烩，并非真正的古韵部。后人从吴棫、朱熹叶音中归纳出古音韵部，也只能算是对宋人古音分部的一种推测。③ 这都显示出宋人古音学

---

① 〔宋〕王质：《诗总闻》卷八，《狼跋》"闻音"，《丛书集成初编》本，第147页。
② 关于宋人古音学的相关研究，参见刘晓南：《朱熹叶音本意考》，《古汉语研究》2004年第3期；《重新认识宋人叶音》，《语文研究》2006年第4期；《朱熹的古音学》，《西南交通大学学报（社会科学版）》2020年第2期以及张民权：《宋代古音学与吴棫〈诗补音〉研究》，北京：商务印书馆，2005年。
③ 参见刘晓南：《朱熹古音学的古韵部雏型》，《古汉语研究》2021年第4期。

的不足之处很多，但最大缺陷是没有真正归纳过古韵部，因而也没留下古今音系不同的学说。从学术史看，宋代古音学仍是以字音为主的研究。

2. 明儒的古今音变观

古音系的建立当出于明儒陈第之后。在陈第、焦竑之后，音韵学研究古音，有了音系的观念，语音史的理论框架因而得以确立。

陈第和焦竑等人研究古音，是从批评宋儒的叶音开始的。陈第年少时受他父亲的影响，对叶音产生怀疑。他回忆道："余少受诗家庭，先人木山公尝曰：'叶音之说，吾终不信。以近世律绝之诗，叶者且寡，乃举三百篇，尽谓之叶，岂理也哉？然所从来远，未易遽明尔。竖子他日有悟，毋忘吾所欲论著矣。'余于时默识教言，若介于胸臆。"① 少年父命的影响是大的，果然在成年后，陈第对"叶音"发动了讨伐。他说："自唐以来，皆以今音读古之辞赋。一有不谐，则一曰叶，百有不谐，则百曰叶。借叶之一字而尽该千百字之变，岂不至易而至简，然而古音亡矣。"② 与陈第同时代的另一位学者焦竑，不但持相同的观点，而且话说得更严厉："如此则东亦可音西，南亦可音北，上亦可音下，前亦可音后，凡字皆无正呼，凡诗皆无正字矣，岂理也哉？"③ 这就是所谓"叶音乱改字音说"的来源。后来学者研究上古音，无一不秉承焦、陈之成说，一以"乱改字

---

① 〔明〕陈第：《屈宋古音义》跋，康瑞琮点校，北京：中华书局，2008年，第253页。
② 同上。
③ 〔明〕焦竑：《古诗无叶音》，《焦氏笔乘》卷三，《明清笔记丛书》本，上海：上海古籍出版社，1986年，第83页。

音"界定宋人叶音。大意是,宋人以时音读《诗经》《楚辞》等古韵文,遇到其韵不谐时,浑然不知这是古今音变,而为了谐韵,随意地将韵脚临时改读一个能谐韵的音来谐韵,称为叶音。以这个观点衡量,宋人对诗骚所作的叶音当然要被视为乱改字音。

平心而论,焦、陈对叶音的批评虽然对语音史的发展有重要意义,但难说严谨,至少存在两个漏洞:一是并未穷尽全部叶音材料,仅凭举例即予以全盘否定;二是没有考察过吴、朱叶音的来源,忽视了宋人叶音的语音根据。据新近的研究①,宋人叶音并不是不要根据地乱改字音。朱熹叶音其实是特别注重根据的,如:

《诗集传·行露》第三章:墉讼 叶祥容反 从

"讼"是个多音字,有平、去二读,《广韵》钟韵"祥容切"、用韵"似用切"。宋代常用去声一读,而《诗经》该段韵文从声律上看,当取平声一读入韵方可和谐,朱子在"讼"字的平去二读之中选定非常用音平声一读入韵,故注为叶音。然而为了注释从简,朱熹在《诗集传》《楚辞集注》中一般都不给出自己叶音的根据,后人难以理解,甚至以为臆说。

陈第与焦竑等人批评叶音的正面意义,并不是反对前人提出的古音说,究其实只是反对叶音表现出来的纷歧繁芜,以及由此引出的主观臆断。强烈的怀疑,使他们全盘否认了"叶音"的音注,进

---

① 参见刘晓南:《论朱熹诗骚叶音的语音根据和语音价值》,《古汉语研究》2003年第4期。

而确认了不但古代字有本音,而且字音随时而变的观点。陈第的名言"时有古今,地有南北,字有更革,音有转移,亦势所必至",将"古今音变"升华为一种势所必然的历史规律。学术思想的升华,引领并促成了他超迈前辈的学术成就。

3. 语音史框架形成

陈第既然认识了古代字自有本音,就从《诗经》等先秦韵文考古音,作《毛诗古音考》和《屈宋古音义》,对先秦韵文中许多韵脚字的古音作了考定。用充足的证据证明了古音是确定的,力纠"叶音"一字多叶的偏差,其中已经隐含了古音系统不同于今音的意涵。清初音韵学家顾炎武考证先秦古音,离析《唐韵》,得出古韵十部系统。顾炎武有浓厚的复古思想,他要摒弃今音,以返淳古,这是不对的。但他由此而进入古韵系统,开始了古音系统的研究,这是他对古音学的重大贡献。后来的学者循此以进,随着古音系研究的愈益深入,语音史的观念和框架逐渐形成。

清朝乾隆间编《四库全书》时,收集了一大批包含古音著作在内的音韵之书,依类编排,分别列为古音之书、今音之书和等韵之书三类。其中古音、今音之分,实际就是语音史的最初划分。自此之后,语音随时代发展的思想深入人心,语音史的探索也逐渐深入。段玉裁《六书音均表·音韵随时代迁移说》云:"音韵之不同,必论其世。约而言之,唐虞夏商周秦汉初为一时,汉武帝后洎汉末为一时,魏晋宋齐梁陈隋为一时。古人之文具在。凡音转、音变、四声,其迁移之时代皆可寻究。"①这些杰出的研究者不但关注周

---

① 〔清〕段玉裁:《说文解字注》,上海:上海古籍出版社,1981年,第816页。

秦汉魏,还注意到了唐宋以下之音,如江永《古韵标准》说:"(三百篇之外)又可考屈宋辞赋,汉魏六朝、唐宋诸家有韵之文。审其流变,断其是非。"①

　　这些思想启迪来者,终于在20世纪初叶结出硕果。1918年钱玄同的《文字学音篇》(北京大学出版组,1918年,后收入《钱玄同音学论著选辑》,曹述敬选编,山西人民出版社,1988年)首次提出语音史框架,分为六期:周秦、两汉、魏晋南北朝、隋唐宋、元明清、现代。从此,音韵学明确地把语音史作为自己的研究对象,不同时代的语音得到全面的研究。魏建功《古音系研究》(初版于1935年,1996年中华书局重印)一书,《开宗明义(引言与总纲)》曰"凡是在今日国音以前的音韵的研究皆属于'古音系'中",因此"古音系的研究成为语音史的意味";又说,"凡是中国语言文字所表示的音的内容都是古音系研究的东西",因此"古音系的研究成为语言史的意味"。这说明在20世纪初中国新一代语言学家继承前人的语音发展观,已经树立了汉语语音史的自觉意识。

二、单线研究模式及其困难

(一)单线模式的语音史

　　从宋儒开始古音研究以来,经过数百年发展,在语音发展观的指导下,随着语音史框架的建立,汉语语音史的上古音、中古音、近

---

① 〔清〕江永:《古韵标准》例言,北京:中华书局,1982年,第3页。

代音研究全面展开。1954年董同龢《中国语音史》问世，1957年王力《汉语史稿》出版，该书第二章即语音史。据何九盈统计①，从20世纪50年代至21世纪初，陆续出版了9种汉语语音史著作。这些著作在表现形式上有所不同，多数按语音史分期来谈音系的发展，也有按声、韵、调分专题讨论各自的演变。但它们有一个共同点，这就是都以时间发展为线索，分期论述汉语语音的发展历史。与钱玄同分六期不同，后出著作大多将汉语语音史区分为四个历史时期：上古、中古、近代、现代。王力先生晚年所著《汉语语音史》将语音史划分为九个阶段。无论是六期、四期还是九段，这些语音史都采用了将从古至今不同历史阶段的音系相互衔接、串成一线的论述模式，可以名之曰单线模式。

　　单线模式继承了音韵学古音研究传统。前文我们已经看到，从吴棫到段玉裁逐渐形成的正是语音从一个时代到下一个时代连续不断演变的思路。瑞典汉学家高本汉的古音系列研究，强化了这个思维模式。高本汉以《切韵》研究的辉煌成就建立了中古音在语音史上的核心地位，他明确提出从《切韵》上推古音，下溯今音的研究思路。有了中古音的立足点，有利于语音史单线发展模式的确立。

　　按照单线发展的思路，除王力先生晚年写的《汉语语音史》之外，其他语音史都将从《诗经》用韵和《说文》谐声系统考求的音系确立为上古音系，以《切韵》音系代表中古音系，以《中原音韵》音系为近代音的代表，三点确立，然后将三点之间的空隙填充补足，语

---

① 详见何九盈：《汉语语音通史框架研究》，《民俗典籍文字研究》第一辑，北京：商务印书馆，2003年。

音史的全景画卷就大功告成了。

(二)单线模式的困难

单线发展的语音史研究模式着力于每个时代建立一个音系,可以名之曰:时代音系。正因为一个时代只有一个音系,因此,时代音系也就被寄予了解决本时代的所有语音问题的殷切期望,但在实施中却遇到了许多困难,有时甚至左支右绌,可以概括为四点。

1. 诗文押韵存在大量的跨部通押

通过归纳韵文押韵所得的每个时代的韵部系统,都无法全部解释本时代诗人的用韵现象。以《诗经》用韵为例,江有诰构建了古韵 21 部系统,后出转精,超越先贤,然美中不足的是,仍有很多出韵通押。他自己曾有一个统计,《诗经》韵段 1 112 个,跨部通押有 70 来个,约占总数的 6.2%。但细数其《诗经韵读》,实际上他的通押韵段多达 119 个,占总数的 10.7%。如此之多的跨韵部通押,对其古韵部系统的合理性、严谨性等等无疑都是一个严重的挑战。我们需要特别指出的是,这绝对不是一个特例,古音学史上无论哪一家,无论其立韵是如何精严,都无可奈何地留下不少的跨韵部通押。推展开来,无论是从《诗经》等先秦文献中所得的上古韵部,还是从汉魏以下各个时代韵文获得的韵部系统,跨韵部通押都如影随形,无法消除。足以显示出在同一个时代的不同作者之间,押韵的差异有多大。这些都不是一个音系所能解释的。

2. 音近通假大量存在

通假现象,是古代文献中的常例,几乎可以说没有哪一部历史文献不存在通假。但只要稍微有一点古文阅读常识，我们都会惊讶在时代音系的背景下，古音通假居然是以"音近通假"为多，而少见"音同通假"。我们常说，古通假类似于现代人写错别字。可是，现代人写别字都是同音别写，如"阴谋诡计"误写成"阴谋鬼计"之类，一般不会写成"阴谋贵计"或"阴谋归计"等等，说明两字读音不同而别写是很困难的，即算是读音差异很小的字之间写错也很少见。也就是说，音近字"通假"其实是极不自然的。然而，当我们采用"时代音系"来考察文献中的通假现象时，却正好与之相反，音近通假占绝大多数，成为自然现象，同音通假反而是少数，变得不自然了。很难理解为什么古人放着音同的不别写，专挑读音不完全相同的字来别写？恐怕更有可能的是，写别字的人所操语音并非标准的时代音系，他的同音别写，在时代音系看来，就不同音而是音近了。

3. 古音注材料不合时代音系

先秦时代的谐声，汉代的读若譬况以及魏晋以下的音释，这些音注材料往往无比庞杂，跟当时的代表音系有许多地方并不吻合。以《说文》谐声为例。段玉裁的著名论断"凡同声必同部"，其实并不能涵盖全体谐声字。他自己也说过"谐声偏旁分别部居，……间有不合者"[①]，《六书音均表》中列举了许多"不合"的字例。

看中古以来的各种古音注，归纳其切语上、下字形成声、韵系统，各音注的音系几乎各不相同。仅陆德明《经典释文》一书，就可以看出其所引述诸家之间有多大歧异。若将陆德明与同时代的陆

---

① 〔清〕段玉裁：《说文解字注》，第832页。

法言相比,同样有同有异,并非同一系统。如果认定陆法言《切韵》是中古时代的代表音系,那陆德明的又算什么?①

4. 诸韵书音系往往不同

韵书是记录某一时代音系的专书。如果韵书所记都是时代的代表音系,那么同时代韵书所记之音一定相同,至少其音系主体相同,但实际情况并非如此。

早期韵书,即《切韵》以前的韵书大多不传,我们今已难知其详,但颜之推早有评述曰"自兹厥后,音韵锋出,各有土风,递相非笑"②,亦可见其差异甚大,互不认同。

《切韵》一出,风行天下,音韵定于一尊,但数百年来的持续修订,也说明内中有所差异。元明以降,《蒙古字韵》与《中原音韵》几乎同时,但二书音系大为不同。因此,苏联汉学家龙果夫提出古官话有两套标准音系的观点,得到罗常培、杨耐思等先生响应。③ 现在的问题是,如果两套标准音能够成立,那么,至少在近代这一历史时期语音的发展就不是单一模式的了。问题还不仅仅止于此。随着明清韵书研究的深入,学者清楚看到,明清时期音韵学家编写的许多韵书、韵图,尽管大多标榜为中原雅音、正音等,但各自的音系并不相同,有的甚至差异很大。这又从一个侧面验证了明清官话音的内部差异以及近代方音的分歧。

---

① 邵荣芬认为《经典释文》音系是以金陵音为代表的南方标准音系。见邵荣芬:《〈经典释文〉音系》,高雄:学海出版社,1995年。
② 〔南北朝〕颜之推:《颜氏家训·音辞》,王利器:《颜氏家训集解》,上海:上海古籍出版社,1980年,第473页。
③ 参见罗常培、蔡美彪:《八思巴字与元代汉语(增订本)》,北京:中国社会科学出版社,2004年;杨耐思:《近代汉语语音史的分期》,《音韵论丛》,济南:齐鲁书社,2004年。

综上种种，语音史上每个时代的语音的复杂程度超乎想象，想要一个时代的语音仅凭一个音系概之既不符事实，也不便用来解释整个时代复杂的语音现象。

三、转型：时空结合的语音史

（一）时间与空间、通语与方言

历史语音的高度复杂性向语音史研究的单线模式提出了严重的挑战。其凸显出来单线模式的重大弊端，就在于强调时间推移的同时，忽略了空间变化的差异。所谓空间变化，至少有两个内涵。

1. 通语基础方言的变换

汉语从先秦到现代，有文献记载的历史约五千年，一直存在一个全民通用的共同语，可以称之为通语。

通语必有其基础方言。上古时代邈远，孔子所说的"雅言"，我们已经无法确指其基础方音。前汉的京城长安、后汉的京师洛阳语音，都有可能成为当时通语的基础音系。中古时代的基础方音，据颜之推"参校方俗，考核古今，榷而量之，独金陵与洛下耳"①的表述，应当是洛阳音系，金陵音可以看作南迁的洛阳音。《切韵》若为中古标准音系，当以洛阳、金陵两地为基础语音。唐代以长安为首都，以长安音为通语基础音的可能性很大，玄应、慧琳等《一切经音义》都把《切韵》看作吴音，注音用秦音（即长安音）即是。到了宋

---

① 〔南北朝〕颜之推：《颜氏家训·音辞》，王利器：《颜氏家训集解》，第473页。

代,首都移至汴京。宋诗词用韵反映出来的通语十八部韵系就是以汴洛中州音为基础的音系。元代首都在北京,明代初年首都在南京,虽然官话成为此时通行全国的通语,但元代官话的中原之音具体方位仍有争议,而明代官话的基础音系现在存在着两种观点:一为北京音,一为南京音。两说各有根据,没有定论。这样看来,五千年来通语只有一个,但其基础音系却非常复杂,仅凭前文粗线条梳理,就可以看到通语基础音系发生了多次变换。这意味着,通语语音史的发展进程恐怕也不是基于一个基础方音形成的一条直线。

2. 古方言语音的歧异

这种歧异最早表现在《诗经》用韵研究中的跨韵部通押的例外之上。处理这些例外,前修常作两种处理:一是目为合韵,看作临时从权的音近通押现象,如段玉裁;一是看作古方音差异,如顾炎武、江永等。后者由于缺乏充足的证据来加以证实,故而长期不被采信,而前者又难以圆满解释为什么临时合韵的数目如此之大,如江有诰韵谱的占总数百分之十以上。近年来,随着语音史研究的深入,新材料的拓展,人们越来越多地发现,不但《诗经》、先秦群经用韵有例外,汉赋乐府、魏晋古诗以至唐诗宋词元曲传奇等等用韵莫不如此。唐宋以下传世文献相对丰富,从中可以考得诗词用韵的例外属于方言的可信证据。证据确凿,完全可以肯定,大多数的用韵例外,正是当时使用方言特异语音造成的,当然也有极少数可能是用韵偶疏。近代如此,中古上古亦可类推。

这样看来,陈第"时有古今,地有南北"的名言应当要做新的诠解:"原则上大概地理上看得见的差别往往也代表历史演变上的阶段。所以横里头的差别往往就代表竖里头的差别。"①"方言的分布,是以地域区分于某时代中的。"②要之,纵向的史的研究亦必须进行横向的方言考索,横里头方言亦各有纵向的史,实是纵横交错,缺一不可。语音史单线发展模式只注重历史分期而忽略了空间分区,故而难以说明丰富的历史语音现象。对高本汉式古音研究的尖锐批评之一就是:"高本汉的语言发展模式中,只有方言资料与中古汉语的纵向比较,几乎完全忽略了横向的比较。"③可见,进行语音史的研究,必须要有历史方音的考察与探求,否则,语音史难以完备。

(二)两个研究层面

时至于今,通过文献研究汉语的历史语音,必须面对复杂的方音。毫无疑问,语音史的"一线制"框架有必要作出相应改造,要在时间维度之外,确认并引入空间维度,以改变长期以来仅关注时间推移之变异而忽略时代共时层面语音差异的传统研究态势,形成由时间、空间两个维度或通语、方言两个研究层面组合而成的新型语音史。在这个新的架构中,反映特殊语音现象的历史方音将与时代音系和谐共存,各司其职,时代音系只需要说明时代的代表语音,解释民族共同语语音的应用及表现,再也不必期望它去完成那个不可能完成的诠释纷繁复杂的方音现象的任务了。

因此,新型语音史构架必须确立两个研究层面:上位层是研

---

① 赵元任:《语言问题》,北京:商务印书馆,1980年,第104页。
② 魏建功:《古音系研究》,北京:中华书局,1996年,第54页。
③ [美]罗杰瑞、[美]柯蔚南:《汉语历史语言学研究的新方法》,朱庆之译,《汉语史研究集刊》第一辑下,成都:巴蜀书社,1998年,第690页。

究通语音系,下位层是研究历史方音。在这个二位层级结构中,由空间维度引入的历史方音研究,不但不会与传统的"时代音系"发生冲突,反之,恰恰由于有历史方音的介入,时代音系的性质与价值才得以清晰地确认。

1. 上位层的性质

所谓上位层研究是要聚焦于语音史的代表音层面,其目的是获取某一历史时期文献中所有语音现象的共性成分,并将它们有机组合起来,作成一个时代的代表音系。这个音系是某一时代全民通用的共同语音,即通语语音。通语音系一般有强势的首都方言作为基础方音,有广泛通行的韵书详细记录,符合大多数文献语音的共同特征。如果基础方言尚不明朗,那么,通语音系就应当由时代文献语音中的全部共性因素构成。所谓"共性因素"泛指不同地域的不同作者,都按照同一种音类规则使用文字,比如同样的押韵、同样的同音字组等等。造成文献语音具有共性因素的原因,是记写文献的汉字具有超方言性和"文言"用语有要求规避俚俗口语的传统。在传统文献的话语环境下,通语语音有足够的空间来展示自身。通语的共性可以通过文献有意无意的记载,得到充分的表现。这也就是为什么通过海量文献归纳的语音系统一般都属于通语音系的原因。要之,通语音系是时代广泛使用的,普遍认可的,有极大的共同性的成系统的语音。通语音系不但具有全民通用的共性,同时也提供了区域方音沟通的桥梁以及描写和说明方音差异的参照系。

在新型语音史构架中,通语音系作为全民共同语的语音,必然是研究的主体。上位层研究必然聚焦于时代通用的各种共性的语音现象，而不必囊括作为不同区域变异的特殊语音现象于一身，更不必寻求构建一个包打天下的超能音系。同一时代的地域性方音特征的研究将留待语音史的下位层来实施。

2. 下位层的性质

新语音史下位层的研究对象是纷繁复杂的历史方音，这个研究必须要囊括所有的文献中的特异语音现象，加以古今方俗的比较、考证，以论证其方音特征与属性。

汉语的方言自古而然，任一历史时代都广泛存在与通语相对的方言。方言的语音即"方音"虽然自成体系，但对于通语音系而言，绝不是异质的系统。方音与通语之异只是同质前提下的大同小异，有同有异。因其大同，故属于汉语大家庭；因其小异，故能有别于通语。任一时代的历史方音都以其有别于通语共性的特异语音为标志，在文献语言中表现为语音现象的个性成分、特异成分。它们在各个历史时代的社会生活中广泛存在，但在历史文献中却大多以特殊方式出现。因此，处于语音史下位层的历史方音研究有"细碎性""散点性"和"依附性"三大特点。

所谓细碎性是指语音文献中的历史方音现象不显著、零碎而不成系统。这是因为受汉字文献超方言性以及文言排斥俚俗用语的传统的制约，大多数方音在文献中被"磨损"，被"转化"，成为一些隐而难显的遗迹，成为文献中特异的、枝节的现象。虽然细碎，但决不能轻视，更不能忽视它们，因为它们细碎而独特，但并不少见，广布于文献之中，如点点繁星遍布昊天，在浩如烟海的文献中，它们其实是一个不可忽视的量，足以对语音史的研究发生重大影响。

散点性略等于"散点多线"①,是指不同时代方音分布的"点"或"区"及其历史发展线索都有很大的不确定性。历史方言不能像现代方言那样,设立完备的方言区、方言点和次方言点的系统。从文献中考求古代方音,只能根据文献已有的语料设立"区"或"点",文献阙如则"区、点"不立,越是古老的方音在文献中散点性程度越高,"点"的设立越加困难。还有,文献方音体现出来的方言区划,与现代方言不一定完全对应,其间常有断层或错位,比如宋代的四川方音与秦晋系方音相近,而现代四川话归属西南官话,就是由历史演变导致的时代断层或错位。② 但是,常见的断层却是因文献不足造成的。在一个个具体区域方言的历史考察中常因为缺乏足够多的历史文献而无法贯通为一条古今相连的线,虽然有的点也可能连缀成线,但线的长短不一,更多的是有点无线。"散点性"无疑极大地影响或阻滞了历史方音的系统揭示,但这不应当成为否认它的理由。我们的目的是要通过这些残存于文献中的遗迹来发掘曾经存在过的古代方言,以解释古代文献中的疑难问题和最大限度地说明现代方言的来龙去脉。从这个意义来看,历史方音的学术地位与通语语音史同样重要。

依附性是指汉语的大家庭中所有方言都对通语有不同程度的依附,尤以文献语言为然。表现有三:

一是凭借通语与不同方音沟通。作为区域变体的方言,只通行于有限区域,如果要与其他区域交流,最有效的途径,就是依靠

---

① 该术语始见于何九盈:《汉语语音通史框架研究》,《民俗典籍文字研究》第一辑,北京:商务印书馆,2003年。
② 参见刘晓南:《宋代四川语音研究》,北京:北京大学出版社,2012年。

通语作为中介来实现沟通。

二是凭借通语作为正音的标准。通语不但是不同方言之间联系的桥梁纽带,而且给不同方言区的人们提供了现实语音的正音规范。人们常常通过与通语比较来论定土语之俚俗或讹误。这种比较在语音史研究的意义就是,它提供了确认方音特征的参照系。

三是凭借通语来确认方音现象。在语音史研究的下位层,我们必须凭通语音系来确认方言的特征,采取跨通语音类的"某与某读混"或"某与某通用"之类方式来表述方音特征,舍此别无他途。这种通混,只是以通语为背景,指明某方音在某些字的归类上或音值上与通语有参差,正如孔广森所说:"所谓通者,非可全部混淆,间有数字借协而已。"①正是这些特殊的"借协",才鲜明地表现了异于通语的方言特征,才有可能凭借它们论定其方音属性。

四、新型语音史:两个层面的有机结合

语音史研究设立通语、方言两个层面,这是从研究的方便立说的,绝不是要将语音史割裂为两个独立的部分。当然,研究中可以有所侧重,完全可以就某一具体对象或材料,侧重于通语的或方言的层面研究,无论是哪个层面,必然都是语音史研究的一个组成部分。

仅就某一时代的语音文献而言,完备的语音史研究是既要进行通语语音的研究,又要进行方音的研究。两个层面的研究不可

---

① 〔清〕孔广森:《诗声类》卷一,北京:中华书局,1983年,第1页。

分离，侧重点不同，效能各异：前者是主体的、全面的，后者是辅助的、补充的；前者是共性的，是所有文献展示的共同语音现象，后者是个性的，只是某一区域文献中的特殊现象；前者是系统的，以建立音系为目标，有完整的韵部系统和声母系统等等，后者通常是特征式的，表现为某韵与某韵通押或某声母与某声母通用等等；研究的材料往往前者是多数的、大量的，后者是少数的、小部分的。最后，从史的角度来看，前者以时代音系为其主线，完全可以也必须通过前后时代的串联作纵向发展，形成不间断发展的语音史；后者散播于某一历史时代的广袤区域之中，星罗棋布，呈现散点多线的特征。它们游移于主线周围，以其绚烂多彩的语音表现，作为主线的补充成分，极大地丰富了一个时代的历史语音，也成为语音史纵向发展的原因或动力之一。因此，两个层面的研究相辅相成，缺一不可，只有两者全备，才是完备的语音史。

原载《长江学术》2023 年第 2 期

论摹声语源

一

经过清儒阐明音理,现代训诂学愈来愈重视推求语源的研究。黄侃先生对此主张最力,他不止一次指出,只有在以语言解释语言的时候"论其法式,明其义例,以求语言文字之系统与根源"[①],才是真正的训诂学。

遵循前辈大师的指引,我们比较细致地查考了许多古汉语词语的语源。一个非常强烈而明晰的印象是,有不少基本词汇的声义原来跟它的指称对象所发声音有关。

比如名词"雨",指称降雨这种自然现象。《说文》解释为:"水从云下也。"为什么水从云下要名之为"雨"呢?刘熙《释名》说:"雨,羽也。"毕沅以为"羽"即《说文》"霸","水音也"。董仲舒《春秋繁露·五行五事》说:"雨者,水气也。其音羽也。"也认为雨与"羽音"有关,羽音即霸音,就是降雨之音。羽读王矩切,喻三归匣,鱼韵,古音当拟作[ɣua],其声似"哗",哗哗正大雨降下之拟声,至今

---

① 黄侃述、黄焯编:《文字声韵训诂笔记》,上海:上海古籍出版社,1983 年,第 181 页。

犹然。古人又有求雨之祭名为雩。《说文》:"雩,夏祭乐于赤帝以祈甘雨也。"郭璞注《尔雅》曰:"雩之祭,舞者吁嗟而请雨。"郑玄《礼记·月令》注也说:"雩,吁嗟求雨之祭也。"都说这种求雨的祭礼除了奏乐舞蹈外,还得"吁嗟"大呼。呼嗟之声,古音亦似哗哗。求雨时哗哗喳喳大呼,这是跟原始人模拟雨声以祈雨的顺扮巫术一脉相承的。不独中国,外国亦有。据英国著名人类文化学家弗雷泽所述,在新不列颠,男巫嘴里发出模拟下雨的哗哗声来求雨,在中西利伯岛,久旱不雨时村民们常跑到临近的溪水中,用手指敲出水声来模拟一场大雨倾泻而下,希望借此得到甘霖。① 中国古代的雩祭亦与此相类,吁嗟大呼模拟雨声哗哗。祈雨之祭必吁呼,因以雩名之,雩之言吁也。大雨之音为霶,求雨呼声为吁,求雨之祭名雩以及降雨现象名雨,其义一也,均来自对自然界降雨哗哗之声的摹拟。

又如人的呼吸器"鼻",其声义亦源于鼻息之模拟。《说文》:"鼻,引气自畀也。"引气为鼻息之动作,与鼻息有关。鼻息声的象声词有鼽、眉,《说文》均训为"卧息",《唐韵》音许介切。卧息除鼾声外,多以鼻息,故《玉篇》《广韵》此二词均释以"鼻息"。又有"呬"字,《集韵》曰:"东夷谓息为呬。"虚器切。旁转作嘒,呼惠切。《释名》曰:"鼻,嘒也,出气嘒嘒也。"王先慎曰:"嘒嘒者,气徐出有声。"②古音有唇喉相通之例,如贲属帮纽,从卉声,晓纽;驳属帮纽,从爻声,匣纽;奭,《说文》从皕声,帮纽,但读若郝,晓纽;享,《左

---

① 见〔英〕弗雷泽:《金枝》,北京:中国民间文艺出版社,1987年,第96、106页。
② 见〔清〕王先谦:《释名疏证补》卷二《释形体》,上海:上海古籍出版社,1984年,第108页。

传•昭元年》《释文》音许丈反,又普庚反;《玉篇》亨,许庚、匹庚二切,许为晓纽,匹为滂纽;《左传》太宰嚭,《吴越春秋》作白喜,嚭读滂纽,喜读晓纽。唇喉相通例证很多,可参阅黄焯先生《古今声韵通转表》。即"鼻"音相通"嚭,呬"等,有嚊为证。《文选•羽猎赋》:"飞廉云师,吸嚊潚率。"李善音嚊普利切,《汉书•杨雄传》颜师古音嚊为许冀反。《集韵》收嚊两读,一读匹备切,"喘息声",另读嚊虚器切之音为"呬"之重文。《方言》二"鰓、呬,息也"。又《方言•十三》"膴,䐤也"。膴之为䐤,犹鰓之为呬、呬之为息也。呬为鼻息,泗为鼻涕,其义一也。呬与嚊双声旁转,鼻,嚊也,犹鼻,呬也,亦犹嚊也,鼽也,眉也,鼻之得名于鼻息摹声搞矣。

上述摹声得名之词,黄侃概述为"借人音以写物",据他统计其数殆不下一千[①]。可见数目之巨。黄侃所言"人音"当指语言的声音符号,"写物"含有摹描意,我们认为摹物音是拟声,俏物形是指物,俏物形是在摹物音基础上约定俗成的结果。所以"借人音以写物"实际上就是指的两层意思的摹声语源。摹声语源是利用语言中的语音去描摹其所指称事物之声象以指称该对象本身或某个方面的命名途径,摹下雨之声指称雨,摹鼻息之声指称鼻,诸如此类。

摹声语源词在声音表象上往往与它们所指对象有相通之处,显示了循名可以责实的声音线索,愈古则线索愈清晰可辨。所以,我们的祖先很早以前就发现了这类他们称为"其名自呼"的摹声语源词。据说孔子的孙子子思就说过"事自名名,声自呼也"(见徐幹《中论》)。令人遗憾的是好思辨的古人将它与世界大道的哲学思

---

① 见黄侃撰:《黄侃论学杂著》中《声韵略说》篇,上海:上海古籍出版社,1980年。

维联系起来了,比如韩非子就说过"圣人执一以静,使名自命,令事自定"(见《韩非子·扬权》)。到了宋朝理学手里,摹声命名就当成为自然之理,他们宣称"何以便有此名?盖出自然之理。音声发于气,遂有此名字"(见《二程遗书》卷一),企图完全排斥名实之间的偶然联系。这严重地影响了语言学家。清儒张行孚,近人章太炎、刘师培等都企图论证名与实、音与义之间的必然因果联系。杨树达也人为地将语言起源分出一个摹声阶段。至其极端,就出现了20世纪初叶的依据心理感受甚至口形张合来简单比附词义的玄谈,将词源的探求引入纯主观体验的死胡同。

今天,已有许多语言事实可以证明名与实之间的最初联系大都出于偶然,是偶然结合的社会约定俗成的结果,大多名实间联系最初关联是没有道理好讲的。但如前所述,摹声语源词的名实结合却比较独特。正如杨树达所说:"摹声者,假物体自发之声或反射之声为物体表象也。"① 摹声命名是利用语音的音色音频通过对物体声音表象的相似摹拟来联系客观对象的,在指称对象与语言声音符号之间,选取了对象的声响特征作为建立联系的依据,在名与实之间存在一定的选择取向,就不是纯偶然的了。名对实的某种表象特征的选择取向反映了语言符号与所指对象具有了最初的相关性,在名实联系的普遍偶然中透露出特殊的必然性。尽管摹声只是对物音的近似模仿,受发音器官和语音音系的双重制约,不可能模仿得惟妙惟肖。并且从纯摹声到命名之间还有一段距离,同样需要经过约定俗成的社会定型。但这并不能否认汉语中存在

---

① 见杨树达:《高等国文法》,北京:商务印书馆,1984年,第2页。

采用声音表象对所指对象相似摹拟以指称之的较为直接的名实联系,反之,由于这些语词对指称对象声音表象描摹得直截了当,使得摹声语源的词在名与实关系方面有些道理好讲了。

二

大千世界喧嚷闹腾,声象万千,非常复杂。但也可以从发声方式跟发声体两个方面归纳其条理。根据前文所述杨树达的意见,我们可知发声方式有自发之声与反射之声(可理解为一物与外物接触发声)两种。根据黄侃有关论字音起源的论述,我们知道有两种声源:一曰表情感之音(理解为人工发声),二曰拟物形、肖物声之音(理解为自然万物的发声)。① 汉语对这两种声源摹声造词,不论其发声方式如何,一般都经过由纯摹声到摹声命名两个连贯阶段。纯摹声就是以语言之声摹拟对象之声,产生一批纯摹声词即象声词,它们所表达的只是事物对象的声音表象本身。物体声音表象的自身差异性和摹拟者的随意性,决定了象声词的词形不稳定性和多样性。然后,在象声词的基础上将事物对象的声音表象作为事物对象的标记特征,选取一个象声词来作这个事物对象本身或它的某一个方面的符号标记,这时就由纯摹声进入了命名。选取的象声词经过一段时期使用,约定俗成为某事物之名,命名过程就结束了。汉语中许多自然事物和人工名物都是循上述途径摹声而来的。

---

① 见黄侃撰《黄侃论学杂著》中《声韵略说》篇。

我们先看看自然声源的摹声命名。

大多数自然物体都会因滚动旋运发出连串声响,现代汉语仍有隆隆、轰隆、砰隆等象声词拟其声。古人则写作哴哴、嗑硍、磅硍等,与现代象声词形异音同。《子虚赋》:"礧石相击,硍硍磕磕。"《思玄赋》:"观壁垒于北落兮,伐河鼓之磅硍。"《玉篇》《广韵》均收"硍磕"一词,释义为"石声也"。大概石头滚动撞击发声的声象显豁,故《说文》有"硍,石声"条,段玉裁说"石旋运之声"①,是也。重言之为硍硍,稍变为雷硍。《吴都赋》:"硍硍雷礌,崩峦弛岭。"注:"菈擸雷硍,崩弛之声。"山崩则有泥石流,故滚旋发声雷礌。石之滚动之声曰硍、雷嚯;滚动之石亦曰雷,《周官》郑注"用金石作枪雷椎椁之属",战场上常用雷石滚压敌阵,字又作礌。又因滚旋之声象而命名为圆转周旋之物象,故挛乳出赢、蒲卢、辘轳等词。

雷霆之声亦呈连绵震响声象。许慎解说雷字籀文中回形纹说:"回,雷声也。"磕指出雷字形体上对雷声回旋之标示,其实雷字字音亦源于俏雷音之回旋。《释名》曰:"雷,硍也,如转物有所硍雷之声也。"硍雷即雷礌,王逸《九思》"雷霆兮硍磕",正以硍磕俏雷声。又有以"砰""砰硍"俏之,《列子·汤问》"砰然若雷霆之声"。《羽猎赋》"上下砰磕,声若雷霆"。故雷霆曰雷,雷神曰丰隆。雷之言硍雷,丰隆之言砰硍也。张衡《思玄赋》:"丰隆轩其震霆。"轩即砰、磅,俏雷声也。以声象而命物事之名,是以由雷硍之声有雷之命,砰硍之声而有丰隆之名也。

自然界风声亦有词以象之,如长风曰飂,凉风曰浏、曰飔,此为

---

① 见〔清〕段玉裁:《说文解字注·石部硍》下注,上海:上海古籍出版社影印本,1981年,第450页。

半舌音。又有齿音,小风名飕、翔风曰飏、秋风曰瑟,重言之则飕飕、飏飏、瑟瑟,又稍变为萧瑟、肃杀、萧萧、飒爽等,则已经变成写景抒情之词了。

风声与水声声象多相似,故风声有飕,水声有溲;风声有飚,水声有潦等等。至于江河泉流奔涌之声,则有《山海经》之浑浑泡泡,《孟子》之混混,《淮南子》之汩汩,《上林赋》之㶿㶿,《易林》之混混,均为喉牙之声,实则俏水流激荡之声,故"江""河"之名亦取其声象。长江之声也工工,黄河之声也可可,因为"长江所过之地多石,水声工工,故名。黄河所过之地多沙,水声可可,故名"①。联系浑浑、汩汩等看,此说可信。

此外金石土木相激作声也是很多的。伍铁平先生说:"金,属深摄开口三等平声侵韵见母,即原是以 K 音起首(日语至今仍读[kiu],朝鲜语也读[kun]),很可能是从金属铿锵的声音得名。"②金字的语源如果还尚待证实,那么乐器"铃"则确得名于其钉铃之声,"磬"亦得名于"砰砰然"敲击石鸣之声象,则《左传》《礼记》《论语》等载籍中有不少材料可以证明这些。又山石之声,《说文》:"崩,山坏也。"山坏叫崩,亦得名于山颓之声崩。《释名》云:"崩,砰声也。"《玉篇》:"砰,击石也。"山崩乃毁坏之词,故用以指君薨。石头滚动之声有硍、砀,说见前文。石头碰撞之声有礐、硞、磕等,故又有表敲击义之动词毃、考等。至于树木折裂、枝叶纷堕之声象,则有《尔雅》之"芘刘暴乐",郭璞注曰:"谓树叶缺落荫疏。"清人郝

---

① 见伍铁平:《长江之声也工工、黄河之声也可可》,《语言漫话》,上海:上海教育出版社,1981年。
② 同上。

懿行说:"今登、莱间人凡果实及木叶堕落,谓之毗刘杷拉。"(见《尔雅义疏·释诂》),其实古今都有此语。《桑柔》毛传:"刘,爆烁而希也。"陆氏《释文》曰:"爆本又作暴,同音剥;烁本又作乐,或作落,同音洛。"可见爆烁又写作暴落,"爆烁之为言犹剥落也"(郝懿行语),落之言刘也,即毗刘也。音转为擸、拉,《公羊·庄元年》"搚干而杀之",何休注:"陊折声也。"《史记·齐世家》作"拉杀鲁桓公"。又作擸,如《洞萧赋》:"獵若枚折。"善注:"獵,声也。"复言之为拉擸,《吴都赋》"拉擸雷硍",吕延济注:"拉擸,木摧伤之声也。"毗刘把拉以唇音半舌俏枝叶摧折堕落之声象,取其舌音象命名有刘、落、拉、搚、擸之类。而取其唇音声象命名则有披。《汉书·律历志》"阳气究物而使阴气毕剥落之",毕剥即唇音俏堕落之声者,命名为枝落则为披,《韩非子·扬权》:"为人君者,数披其木。"旧注:"披,落其枝也。"

　　山石土木之声外,更有动物发声声象。古来摹动物发声给动物命名尤其彰著。早在《山海经》中,记载甚夥。如《南山经·一》:"有鸟焉,……其名曰鴸,其名自号也。"所谓其名自号,正如杨树达所说:"据实言之,乃山鸟自有此呼声,而人因以其呼声名鸟耳。非先有名而鸟自呼之也。"①下像《孟子》中陈仲子以"鶂鶂者"称鹅一样,亦俏其声也,鹅、雁、鴽、鶂、鴝初无不俏其声者,后逐经社会选择约定命名为鹅耳。这种命名,野禽野兽有鴸、鸡、瞿如、辣斯、毕方、孟极、足訾等(均见《山海经》),家畜则鹅、鸭、鸡、狗、猫、牛都是。

---

　　① 　见杨树达:《高等国文法》,第2页。

以上是自然声源,再看人工声源。人类抒发感情之声归为叹词、语气词。除此之外,人类自发之声与接触发声也很丰富,摹其声象而命名者亦为不少。

如幼儿哭声,今人摹为哇哇、呀呀,古人摹作呱呱、嫛婗、繄倪等;其笑声今人摹作唏唏哈哈,古人摹作咳、孩;儿童的儿,孩子的孩即得名于此种声象。一般的哭声有号啕、嗷咷、啜泣、涕泗等;笑声有咥、噱、唏、哈、哑哑等。从这些声象命名有名词涕泗、噱头,动词抽泣、嚎叫等。摹热闹声有謷欻(见《庄子》),吵嚷声有欢哗、嘈杂,争斗声有哄哄,恐惧声有讻訩,发怒声有喑噁叱咤等等,它们分别造成许多名词、动词与形容词。

人的起居饮食方面,摄食有摹牙齿咬啮声的嚼、噍、嗫、齼、均齿音,为牙齿相切之声,又有龂、龅、啮、龆、咬均为喉牙音,为啮骨坚声,均出《说文》。又《玉篇》:"𪙊,嚼啮声也。"《易·象辞》:"履虎尾不咥人。"马融注云:"咥,龅也。"王念孙以为"《说文》龅,啮坚声也。义与咥同。"①又为舌音。摹饮用液体声有喝、吸、呷、㗱。又有"噫,饱食息也","噎,饭窒也",均摹打嗝之声得名。吃饱要排泄,则有溲、私以摹排泄声。

人的行为动作方面,《广雅》"跑,趵也",《玉篇》"趵,足击声",又《广雅》"蹟,踢也",王念孙曰:"蹟者,《玉篇》与蹹同,云踢声也。"②可见跑踢声亦可摹声造词。又有使犬声噭,见《左传》,《方言》又有哨字亦使犬,郭璞音哨为骚,实则均为使犬声。摹其声而

---

① 见〔清〕王念孙:《广雅疏证》卷三下,北京:中华书局影印嘉庆王氏家刻本,钟宇讯点校,1983年,第100页。
② 见〔清〕王念孙:《广雅疏证》卷二下,第73页。

命指使之名为嗾使、唆使，现代又有教唆之名矣。

　　在生产活动方面，割禾声音挈以挃挃，见于《诗经》，因而从其声象命割禾短镰为铚，见于《说文》《释名》。用水洗物冲刷之声有溰溰、溲溲，因有动词溰、澡、洒、洗、淅等的命名。生产生活中的敲敲打打，声音崩脆清晰清亮，故古汉语摹击声之词大多以清脆之唇、舌、牙音为之。唇音摹敲击声为砰、砰磅、啪、噼啪，故摹其声象有动词攴，小击也；暴虎，徒搏也。《诗经》"八月剥枣"，《史记》"以筑朴始皇"，剥、朴其义一也。攴、朴、暴之言擽也，《广韵》"擽，击声也"，复言之曰批把、曰搏拊，见《释名》。舌音摹为斲，《广韵》"斲，击声，丁木切"，重言之为橐橐、柝柝、丁丁、铛铛，即今天嘀嘀、哒哒、叮叮、铛铛等。取其声象以名敲击之动作，则有椓，椎击物也（出《说文》）；椓，击也（出《广韵》）；涿，击之也（出《周官·壶涿氏》郑注），又引申为啄，鸟啄也（出《广韵》）；又引申以言语相击，《左传·哀十七年》"太子又使椓椓之"，杜注："椓，诉也。"又写作诼，《方言》"诼，愬，楚以南谓之诼"，《离骚》"谣诼谓余以善谣"，王逸注曰："诼犹譖也。"此为舌音入声韵，又对转有阳声韵之朾与𣪊，均出《说文》，打之言钉钉也，𣪊之言殿也，钉即叮叮，殿，《说文》曰"击声也"。最初亦写作钉，《后汉书·杜笃传》"椎鸣镝，钉鹿蠡"是也，又写作揨、打、敊等，最后写作打，沿用至今。《广韵》中音打为都挺切，大概宋代音变为丁雅切，逐成为使用广泛之动词。牙音摹敲击之声有毄，《说文》"毄，从上击下也"，段玉裁注曰："从上击下，正中其物，确然有声。"打击之声确然，入亦名打击为毄。音转而有敲，横摘也；考，敂也；敂，击也；攻，击也；格，击也；摧，敲击也；以上均见《说文》。又《广雅》

敄、敊、敂,击也。均从敲击之声象命名。

上面罗列,难免有遗漏。然从这个不够全面的条理中我们也可以清楚地看到汉语摹声语源是丰富的,并且都要经过纯摹到摹声命名两个阶段。两个阶段既相对独立又紧密联系,既不能割裂其联系,也不能混淆两阶段的区别。割裂其联系就可能无视名实的声象联系,说不清其语源。混淆两阶段的界限,则更可能得出以声象意的误解,诸如"大字之声大,小字之声小,长字之声长,短字之声短"之类的玄误,其实摹声语源词纯摹声阶段只是以声俏声,摹声命名后才以声表义。纯摹声阶段它只是一个俏物声的语音,并不象意表义,经过命名,以声象为标记特征指称物象,成为语言中音义联系稳定的基本单位。故命名之后的声已经是语词之音,并不是象意之声,它可以孳乳演变,但那只是作为一个基本语词内部音义矛盾发展的结果,与以声象意没有关系。

如果果蠃、蒲庐等同源词音转孳乳派生不已,究其源,如前所说,实出于俏回旋滚转连绵之音的象声词硍硍、砰硍等,当其为硍硍、砰硍象声时,并无圆转的词义。从摹圆转之声象引申而表圆转之形,则摹声命名而获得了圆转之义,成为一个语根,才有科斗、活东、魁陆、果蠃以至骨朵、跟斗之孳衍。

又如翚,本是一个俏鸟飞疾羽声之象声词(见《尔雅》舍人注),重言之为翚翚。因其象飞疾之声而命名成为表疾义、飞义、奋义等的动词,又有以其疾义给"其行如风"的山𤟤、"善还"的驿的命名,山𤟤与驿均见《山海经》。同样,鸟飞时翅膀拍击声噼啪,噼啪摹飞急疾翅膀声,故命急疾之义为"憋怤",见《方言·十》郭注。黄侃曰:"蝙蝠之得命犹鸟有鹠鸼,鸲鹆,蛺蝶谓之蟞蛠,皆自憋怤来,言其飞之疾也。"①这些都说明区分以声俏声与以声表义是非常重要的。

三

我国传统语文学的语源研究过去一直是训诂的附属，不成体系。20世纪初，章、黄两大师总结了前人训诂研究的成果，认为语源非常重要，它可使"诸夏之文……皆可绳穿条贯，得其统纪"②。黄侃手批《尔雅》《说文》等书即本此种精神。章太炎根据"声义同条之理"来"解说造字之理"，作《文始》以明语源，标志了汉语现代语源学的形成。③

在章、黄语源学中，声义同条是关键。根据声义同条以流溯源，可以推求其语根，知字词音义之所自；求得语根又可顺流而下，循其声义孳乳线索，探索其衍化派生，得其词源系统。用以解语词的衍生联系脉络、释文献语言的源流变化，恰是可以纵横捭阖，左右逢源。而摹声语源词由于以声象为标记，所以对于以音义求其源流统系尤昭昭明晰。

如《左传·襄十五年》"师慧过宋朝，将私焉"，杜注："私，小便。"私何以有小便义，并无明示。今案，从音义关系考察，私即溲也。《诗·生民》"释之叟叟"，《释文》"叟，所留反，字又作溲"是也。

---

① 黄侃笺识，黄焯编次：《尔雅音训》，上海：上海古籍出版社，1983年，第294页。
② 见黄侃撰《黄侃论学杂著》中《声韵略说》篇。
③ 参阅陆宗达《训诂简论》之《因声求义》节，北京：北京出版社，1980年。

毛传:"叟叟,声也。"实为摹水流冲刷之声的象声词,旁转为溞、潃、灑、淅,对转为洗等等,它们最初应当均为水冲刷声象的不同摹拟,然水流冲刷摩擦多作嚓嚓响,故多以齿音俏其声。然后取其声象特征以命名,分为二端。其一端为洗刷义类,如淅,汰米也;浚,浸沃也;洗,洒足也;澡,洒手也;又有潃,久泔也。以上见《说文》。又有馊,饭坏也;溜,豕食又雨溅也。见《广韵》,均属齿音之转。其二端为小便义类,《左传》为私,《国语》以下作溲,如《晋语》"少溲于豕牢",韦注"溲,便也"。又有复合词曰溲溺,《史记·郦生列传》"溲溺其中",宋人孙光宪《北梦琐言》"每夜温溲溺器",溲转为入声为撒,今北方人称小便为撒尿。撒尿即溲溺之转,溲又转为"西",今南方湘语区有称小孩小便为"西尿"或"阿西西"的,均其流也。溲又孳乳出"臊",表"溲"之气味。以上从流溯源,得其语根"叟",然后诸词统纪秩然。

故语根为同族词之统率,得其语根则可顺流而下,使同源之词同条共贯。不得语根则不得统系,不得其统系则于词语之解释将诘诎不顺。如段玉裁解说"端倪"一词的来历说:"借端为耑,借倪为题也。题者,物初生之题也。"[1]指倪为题之借,不得其统也。实则倪之言当为儿,倪之言儿。儿又作婴婗、鷖弥,见《说文》《礼记·杂记注》《释名》诸书,本为古代摹拟小儿哇哇哭声之象声词,因其声象而命其发声体为婴儿,单称为儿。又有声象相似之动物名前儿,出《逸周书·王会篇》,"声如小儿啼"的鱼亦名鲵,即俗所称娃娃鱼。

---

[1] 见〔清〕段玉裁:《说文解字注·人部倪》下注,第 376 页。

鹥弥音稍变为呢呕，《荀子·富国篇》杨注："呢呕，婴儿语声也。"转而为昵昵，韩愈《听颖师弹琴》诗云："昵昵儿女语，思怨相尔汝。"又转为呢喃，《玉篇》："呢喃，小声多言也。"

小儿又小声，故儿引申有小义。《孟子》"反其旄倪"，赵注："倪，弱小繄倪也。"车辕端持衡者亦名輗，乃咫尺之木为之故名輗。又有动物小者，小蝉曰蜺，小鹿曰麑。麑又旁转入咍部为麛。"而"声亦有小义，麛之为小鹿，犹鲕之为小鱼，栭之为小栗，鸡之为小鸡，䰙之为小兔①，其义一也。

小儿、小鹿均为新生物，故儿又引申有新生义。老人牙齿掉了，新生之齿称为齯齿，即其义。故端倪之倪从兒得其声义，本身即有新生之义，不烦如段说假为物初生之题。由此可见，得其语根，循其声义孳乳引申之迹，就可知倪之有新生义与齯之为新生齿，实同一理，端倪一词之结构源流自明。大抵据其声象命一名，使用之中寖衍引转，或得新意而沿其读，或衍新义而转其音，或双声韵转，或叠韵纽移，无论怎样衍转，然义相推音相转其痕迹历历在目，此所谓"由一音屡转而义不甚殊者"及"同一声而义各有所因者"②，即音义同条之理也。

综上所述，摹声语源词经历了由以声俏声的纯摹声到取对象之声象以指称之的以声表义的摹声命名这样两个连贯的阶段。由于它是取指称对象的声音表象作命名的依据，所以在音义结合之初就在名实之间建立了声象联系，这里我们讨论汉语初始语源应引起足够注意。

---

① 见〔清〕王念孙：《广雅疏证》卷十下，第 385 页。
② 见黄侃撰《黄侃论学杂著》中《声韵略说》篇。

此外，摹声语词的声最初是纯摹声的，这时它是象声词，只有经过摹声命名它才具有一定的语义。所以，摹声语源词并不直接以声俏形表意，这里不存以声象意的问题。它是经过命名过程以后成为一个有特定语义的词语才能俏物形表语意的，因而是以义俏形象意。一切引申孳乳也都是发生在命名阶段之后的事了。

原载《黄侃学术研讨会论文集》，
华中师范大学出版社，1993年

邹忌三问的语言心理

《战国策·邹忌讽齐王纳谏》历来脍炙人口,我读过多次。文中邹忌发问的方式率直以至显得天真,然三个简单而又平凡的问句,可我觉得好像隐含了些什么。

第一问:对象——妻子;内容:我孰与城北徐公美?

第二问:对象——妾;内容:吾孰与徐公美?

第三问:对象——客;内容:吾与徐公孰美?

请注意三个问句,使用了两种句子结构。前两句用"……孰与……"发问,末句改用"与……孰"句式。作者对第三问变动句式,好似漫不经心地换一个说法以免重复。但为何另两句不避结构重复,单选这一句,而且不是第一问也不是第二问,在最后一问。用通常修辞学上的"避重"来解释,心里总觉不踏实。

于是我翻阅许多语法著作,找到一大批"孰""与"结构的问句以及一些语法学家的说明。综合起来,语法学家大致从两个方面进行解说:一方面是疑问代词"孰"和介词"与"之间的关系,另一方面是二者组合之后的语法功能。倾向性的意见认为,"……孰与……"句式来自"……与……孰……"呼应的疑问句,除了都表选择问外,"孰与"还表反诘问。显然邹忌的第三问是表选择问,看起来意思与前两句没有两样。我的疑惑并没有找到解答。

琢磨这几个句子，共同之处是表比较的选择问。比较的内容由形容词表示，比较的两个对象（名词），总是一前一后分别处于"孰与"或"与"的两边，可以称之为比较的前项、后项，而"孰与"（与）则充当前后项的联系成分。邹忌三问中比较的前项是"我（吾）"，后项是"徐公"，比较的内容是"美"。"吾与徐公孰美"，就是逐字硬译过来也是最明快的发问，可在实际使用中却像个配角，这恐怕不是偶然。看看两种不同结构问句的回答，也许对了解他们之间的差别会有帮助。

下面是《孟子·公孙丑上》中的一段对话，一问一答，问话都用"与……孰"式，答话比较复杂，但选择什么还是清楚的。

或问曾西曰："吾子与子路孰贤？"曾西蹴然曰："吾先子之所畏也。"曰："然则吾子与管仲孰贤？"曾西艴然不悦曰："尔何曾比予于管仲？管仲得君如彼其专也；行乎国政，如彼其久也；功烈如彼其卑也。尔何曾比予于是？"

读这段话，其意正如朱熹所说："曾西推尊子路如此，而羞比管仲。"曾西对第一句问话选择后项（肯定子路贤），第二问却选了前项（肯定吾子），可见在"与……孰"式中，说话人主观上对前后项并无倾向性，这种问句是一种纯客观的询问。而"孰与"问句中这种纯客观的询问就非常罕见了。下面两段话分别出自《战国策》和《史记》，文中大量使用"孰与"问句，答话中选择的倾向性非常明显。

司空马说赵王曰："……赵孰与秦大？"曰："不如。""民孰与之众？"曰："不如。""金钱粟米孰与之富？"曰："弗如。""国孰与之治?"曰:"不如。""相孰与之贤?"曰:"不如。""将孰与之武?"曰:"不如。""律令孰与之明?"曰:"不如。"(《战国策·秦策》)

魏置相,相田文。吴起不悦,谓田文曰:"请与子论功,可乎?"田文曰:"可。"起曰:"将三军,使士卒乐死,敌国不敢谋,子孰与起?"文曰:"不如子。"起曰:"治百官,亲万民,实府库,子属与起?"文曰:"不如子。"起曰:"守西河而秦兵不敢东乡,韩赵宾从,子孰与起?"文曰:"不如子。"(《史记·孙子吴起列传》)

《秦策》这段问话,把赵国(前项)与秦国(后项)在"大""众""富""治"等方面比较。答话全选后项,即赵不如秦。《史记》这段,吴起连发三问,田文回答也全选后项。也就是说,否定前项,肯定后项。其实,在发问时说话人主观上就已经带有浓厚的倾向性,其意在肯定后项,否定前项。作为询问,"孰与"问句期待的正常回答就是"前者不如后者",简答就是"不如",几乎是没有选择。这恐怕就是它与"与……孰"问句在语意上最大的不同。试比较下面两句:

《战国策·秦策》:秦昭王谓左右曰:"今日韩魏孰与始强?"对曰:"弗如也。"

《国语·吴语》:(吴王曰)"今吾道路修远,无会而归,与会而先晋,孰利?"(王孙雒曰)"二者莫利。"

"孰与"句答话"弗如也"意思是"韩魏之强今日不如始",显然回答问句作出的选择是"始强",选择后项,实际上也是证实并肯定了秦王包含在问句中的倾向性意见。而"与……孰"句所问的两项:"无会而归"或者"会而先晋",王孙雒都不选,他的意见是"必会而先晋"。可见,"孰与"表倾向性选择与"与……孰"表纯客观选择,差别是清楚的。

了解了这一点,再来看邹忌三问,就好理解了。城北徐公是齐国有名的美男,邹忌顾影自怜,认为自己很美,但心里并没有把握超过徐公,于是采取试探一下的心情问自己的妻子:"我孰与城北徐公美?"心理上已经做好了回答"不如也"的准备。谁知妻子爱怜丈夫("私我也"),作出违心的回答,并不选择通常做法来证实丈夫在问句中表述的倾向性意见。这满足了丈夫的虚荣心,同时也误导了他。尽管如此,邹忌仍然将信将疑("不自信"),于是再问一次进行试探:"吾孰与徐公美?"谁知小妾敬畏主人("畏我也"),同样作出了违心的回答。连续两次的肯定自己美,无疑大大增强了自信心,甚至几乎要接受"君美甚""徐公何能及君"的观点。所以第三问显得大方,也敢于问从外来的客人,而且问句改变为"吾与徐公孰美?",原来包含在句子中"不如也"的倾向没有了,换成了纯客观的选择问句,大有一番要与公认的美男子徐公公平竞争、一决雌雄的势头。当再一次客人重复了与妻、妾相同的违心意见时,我们可以想象此时的邹忌完全接受了谎言,对自己的"美"深信不疑而踌躇满志。也正因为这样,才有可能一旦识破谎言时会有如此深刻的触动。"暮寝而思之",彻夜不眠,深刻反思,从理家想到治国,得出只有广开言路,倾听不同意见,才能治理好国家的正确主张来。

原载《文史知识》2000 年第 5 期
原署名为肖楠

楚风与楚辞

一、《诗经》不收楚风，并非楚地无风可采

《诗经》十五国风不收楚风，引起了许多推测，其中就有楚地无风可采的假说。① 此说能否成立？考诸先秦典籍，此说大有问题。《左传·襄公十八年》载晋国乐师师旷自述"吾骤歌北风，又歌南风"，以南风之歌对楚言，则南风即楚风。《淮南子·览冥训》载"昔者师旷歌《白雪》之音而神物为之下降"，《白雪》即楚曲。又《左传·成公九年》载晋景公命楚囚钟仪奏乐，钟仪"操南音"，受到晋大臣范文子的称赞，说他"乐操土风，不忘旧也"。可见春秋前期，北方诸侯不但知道有楚风，而且还能欣赏楚风，甚至会唱楚曲。

从现存的先秦两汉文献，可以看到一些早于屈原的楚歌，如见于汉孙叔敖碑和《史记·滑稽列传》的楚优施所作《慷慨歌》《葬马

---

① 如王国维在《屈子文学之精神》一文中说楚人"无纯粹之诗歌"。见郭绍虞主编：《中国历代文论选》第四册，上海：上海古籍出版社，1980年，第384页。又，近人据内容与情调，判断《诗》之二南中收有楚歌，如《江有汜》《汉广》等。其一，这些楚歌只是杂于二南中，并未独立称楚风，可见编诗之人并不将其认作楚风。其二，从形式上看，这些早期楚歌已经经过改造，在形式上接近中原之诗体，已不能目为纯粹之原始楚歌了。故而，从编例上看，说《诗经》不收楚风是可以成立的。

辞》,是楚庄王时的作品。见诸《孟子》、《楚辞·渔父》的《沧浪歌》(一名《孺子歌》),似属楚民歌,年代至少在孔子之前。而楚狂接舆的《凤兮歌》,分别见于《论语》和《庄子》,还有见诸《吴越春秋》的《渔父歌》《越人歌》等等。这些楚风歌辞俱在。

还有的留下了歌名,不见歌辞。如《涉江》《采陵》《阳阿》《激楚》等,见于宋玉《招魂》及注。《文选》卷四《宋玉对楚王问》曰:"客有歌于郢中者,其始曰《下里巴人》,国中属和者数千人。其为《阳阿薤露》,国中属而和者数百人。其为《阳春·白雪》,国中属而和者,不过数十人。引商刻羽,杂以流徵,国中属而和者,不过数人而已。"这里没直说歌楚曲,但郢中楚人能属而和,则楚人熟悉,当属楚曲。若属楚曲,则不但可见楚曲之丰富,亦可见楚曲之中自有雅俗之分,这种现象作为先秦古曲应当是源远流长的。《吕氏春秋·音初篇》云:"禹行功,见涂山之女。禹未之遇而巡南土。涂山氏之女乃令其妾待禹于涂山之阳,女乃作歌。歌曰:'候人兮猗。'实始作南音。"高诱注"南音"云:"南方国风之音。"南音是否真正始于夏禹时,已无实证。不过,说它起源相当古老,应当大致不差。

姜亮夫先生说:"无楚故习之美,不可能有屈宋之文;无屈宋传真情之文,不足以见楚风之丽。"[1]几千年以来,楚风就蕃衍传布于江汉三楚之地,宛转于渔夫樵父、山野细民、隐者贤士、宫廷俳优乃至贵族士大夫之口耳,积蕴深厚,为屈宋之文提供了广阔的创作背景和丰富的养料。正是深植于这一深厚的文化沃土,屈宋辞赋这一南国奇葩才得以茁壮硕茂,辉耀古今。有着数千年历史的楚地

---

[1] 姜亮夫:《三楚所传古史与齐鲁三晋异同辨》,《楚辞学论文集》,上海:上海古籍出版社,1984年。

土风,是屈宋创作的源头。而十五国风不收楚风,并非楚国无风可采,根本原因在于楚风与《诗经·国风》是两种不同的风。

二、楚人称楚歌为辞、为文、为文辞,还可称赋,但决不称为诗

诗之称为诗,实乃诗人自称者,如《大雅·崧高》"吉甫作诵,其诗孔硕"。"诗"一名,先秦只是诗三百的专称。"诗"不是韵文的通称,自然楚人也不把自己的歌曲叫作诗。屈子二十五篇中诗字凡三见,都不是自称其作品的。《惜往日》之"昭诗"是"昭时"之异体,《悲回风》之"赋诗",王逸曰:"赋,铺也;诗,志也。"则"赋诗"者,"陈志"之意也。《九歌·东君》"展诗兮会舞"描绘娱神时载歌载舞之场面,并非屈子自指其作品以诗。

那么屈子怎么称呼自己的作品呢?二十五篇中很多地方都提到了。如:

《离骚》:济沅湘以南征兮,就重华而陈辞。……
　　　　跪敷衽以陈辞兮,耿吾既得此中正。
《抽思》:结微情以陈词兮,矫以遗夫美人。……
　　　　兹历情以陈辞兮,苏详聋而不闻。
《思美人》:因归鸟而致辞兮,羌高宿而难当。
《惜往日》:不毕辞而赴渊兮,惜壅君之不识。

《离骚》就重华陈辞的辞实指"启《九辩》与《九歌》"至"沾余襟

之浪浪"一段,这是向先祖大神陈辞,虔敬庄重,故要"跪敷衽",陈辞完毕,得此中正。其实整个《离骚》都是向楚民族始祖高阳氏的陈辞,开篇呼高阳,正是司马迁所谓"人穷则反本",然后自叙家门再陈辞明志。尽管知道"高阳邈以远兮,余将焉所程"(《远游》),"重华不可遻兮,孰知余之从容"(《怀沙》),但为渲泄心中之郁滞,求得精神之平衡。《抽思》以下所言"陈辞"的辞,大都是给君王朝廷的。如《抽思》"结微情"句下,王逸注曰:"结续妙思,作辞赋也。举与怀王,使览照也。"《抽思》又有"初吾所陈之耿著兮,至今其庸亡",王逸注"文辞尚在,可求索也"。在这里屈子同样把自己的作品称为"辞",王逸也解释为辞、辞赋或文辞。《史记·屈原列传》称屈原"娴于辞令",由于前文"明于治乱"的影响,给人一种"辞令"指政治外交辞令的印象。考本传末尾曰"屈原既死之后,楚有宋玉、唐勒、景差之徒者,皆好辞而以赋见称。然皆祖屈原之从容辞令,终莫敢直谏"。可见"辞令"主要是指作辞的文彩,包括美人香草之喻,故司马迁说"莫敢直谏"。可惜君王壅滞而不闻,"敖朕辞而不听"(《抽思》),无奈只得"不毕辞而赴渊"。"辞"在这里又当"作辞"讲。同样的用法见诸宋玉《高唐赋》。《高唐赋》中述神女邂逅楚王,离别时"去而辞曰:妾在巫山之阳,高丘之阻,旦为朝云,暮为行雨,朝朝暮暮,阳台之下"。"辞"即作辞,亦所谓"陈辞",所陈之辞恰是一篇楚歌。由此可见,楚人称楚歌曰"辞",屈子如此,神女如此,楚人均如此。司马迁叙楚地民俗时说"南楚好辞,巧说少信"[①],班固在《地理志》中转述这两句大意曰:"文辞并发,故世传

---

① 《史记·货殖列传》,《史记》卷一百二十九,北京:中华书局,1959年,第3268页。后引《地理志》语,见《汉书》卷二十八下,北京:中华书局,1962年,第1668页。

楚辞，其失巧而少信。"可见"南楚好辞"就是《屈原列传》之皆好辞而以赋见称的"好辞"。马班叙楚俗，用楚名，故"辞"实楚人于楚歌之通称。

辞又可称为文。《国语·楚语上》载申叔时论教育时说"文咏物以行之"。什么叫"文咏物"，韦昭注："文，文辞也。咏，风也。谓以文辞风托事物以动行也。"①

汉代史家承之，或称辞，或称文，又合而称文辞。如《史记·屈原列传》："其文约，其辞微，其志洁，其行廉。"文、辞并举，其实一也。又《汉书·地理志》："文翁为蜀守，教民读书法令，未能笃信道德，反以好文刺讥。……及司马相如游宦诸侯，以文辞显于世。"②"好文"亦即"好辞"。

至于赋的称呼，先秦并不多见。屈子作品中有"赋"字，但不作文体名。最早以"赋"名篇的为荀子《赋篇》，但读其文似谜语，并不似通常所见之赋。所以朱熹《楚辞后语》只从《赋篇》中选《佹诗》一节，《佹诗》因开篇"自陈佹诗"得名，通篇以四言为主，杂几句七八言，亦不以"兮、些"等助词足句，与其说是辞赋，倒不如说是诗体，何况又自名为"诗"。所以最早以赋名篇的当推宋玉。王逸曰："赋，诵也。"班固也说："不歌而诵谓之赋。"③《高唐赋》中作歌称为"辞"，而楚王命宋玉咏神女之事则曰"试为寡人赋之"。所赋之辞洋洋洒洒，铺张扬厉，宜诵不宜歌，由此推测，"赋"最初是辞的一种

---

① 《国语》卷十七《楚语上》，上海：上海古籍出版社，1978年，第529—530页。
② 引文分别见《史记》卷八十四，第2482页；《汉书》卷二十八下，第1645页。
③ 引文分别见《楚辞补注·招魂注》引王逸，北京：中华书局，1983年，第213页；班固《汉书》卷三十，第1755页。

诵吟方式，《招魂》曰"人有所极,同心赋些"即是,后转而称不歌而诵的辞为赋。宋玉等人"好辞而以赋见称",就是说喜爱楚辞而创作上却善作不歌而诵的赋。赋出于辞,但又有所区别。汉人编《楚辞》收宋玉《九辩》《招魂》而不收《风赋》等篇,可见是区别对待的。后人辞赋统称,遂不加区别。

三、辞与诗是不同文化背景的产物，两者之间有本质区别

王国维将先秦文化传统分为南北对峙的两大系列,称为北方的帝王的文化和南方的非帝王的文化。① 帝王的文化即颂尧舜,崇先王的礼乐文化,在司马迁《货殖列传》里称为先王与周公的"遗风"。这是黄河流域的周鲁系文化,诗就产生于这种背景。而非帝王的文化则少谈先王,不崇礼乐,信神祠鬼,崇尚理想与想象。司马迁说它"巧说少信",班固说它"信巫鬼,重淫祀"②,并不看作王化之地。楚辞就产生于这种文化背景。诗骚由于各自文化背景不同故而本身亦有许多本质差异,下简述之。

一是风格的差异。诗是写实的,精神是现实主义的。辞的精神是浪漫主义的,这是一般常识,不必多讲。

二是创作手法的差异。诗缘于写实,故重现实生活,观察比较,情感物而生,创作手法主要是"比兴"。"兴"尤其重要。据朱自

---

① 见王国维：《屈子文学之精神》，载郭绍虞主编：《中国历代文论选》第四册，第384页。
② 《汉书》卷二十八下《地理志》，第1666页。

清先生统计,诗三百中有兴诗116篇。《国风》160篇中,兴诗占72篇,诗三义之中,兴独占多数。"兴"最能反映诗创作的艺术,可以不夸张地说,没有兴的手法,就没诗的独特艺术风格。

　　这种最能反映诗的艺术特色的"兴",在楚辞中几乎没有一点痕迹。作为诗骚一贯论的朱熹在用与集注《诗经》标出每章每句属赋或比或兴相同的手法集注《楚辞》时,却发现找不出几句兴句。不得不承认"诗之兴多而比、赋少,骚则兴少而比、赋多"①。其实,楚辞本没有"托物起兴"的作法。王逸依诗义讲楚辞,硬要说"离骚之文,依诗取兴"②也只能将所谓"兴"落实到"引类譬喻"之上,善鸟香草以配忠贞,恶禽臭物以比谗佞等等。其实这些内容都不是"起兴",用现在的话来说就是象征寄意的手法。只要将"惟兹佩之可贵兮,委厥美而历兹"(《离骚》)与"棠棣之华,鄂不韡韡"(《小雅·棠棣》)一比较,就知道尽管都写花草,但前者是象征,后者是起兴,泾渭分明,绝难混一。

　　以象征手法委婉表达意见是楚辞的重要艺术手法,屈辞如此,其他楚辞大都一样。如楚狂接舆歌:

　　　　凤兮,凤兮,何德之衰?往者不可谏,来者犹可追。已而,已而,今之从政者殆而。

孔安国说此歌"比孔子于凤鸟。凤鸟待圣君乃见,非孔子周行求

---

① 〔宋〕朱熹:《楚辞集注》卷第一《离骚集注序》,上海:上海古籍出版社,1979年,第2页。
② 见《楚辞补注》离骚篇首引王逸序,北京:中华书局,1983年。

合,故曰衰"①。又如《孟子》中述孔子听到"沧浪之水清兮,可以濯我缨;沧浪之水浊兮,可以濯我足"的歌后,曰:"清斯濯缨,浊斯濯足,自取之也。"②孔子所述亦其寄意,因此可以毫不夸张地说,没有象征就没有楚辞的艺术。

三是社会功用的差异。诗立足于现实生活,褒善惩恶为其主要目的,古人称之为美刺。另一方面,统治者陈诗观乐,了解民情,而朝仪祭典,诗以配乐,所以诗又有观政、明志、教化的功能,古人称为诗教。"诗言志"就是说诗的直言己志、直诉哀乐的功能,但实现这种功能的途径要么是辗转迂曲地传达,如采诗、献诗;要么就断章取义,各取所需,如赋诗明志。也就是说直接表现民生疾苦、哀乐之情的内容却往往采取了间接的途径作用于社会,这大约也是诗之所以号称"温柔敦厚"的原因之一吧。

楚辞在表现现实生活的基础上,总是浸染了丰富的想象,表现出浓厚的理想主义色彩。作者的立场体现在对理想境界的追求、不合理现象的抨击上,加上象征的手法,所以显得迂曲婉丽,离具体的人、物、事有一定的距离。较诗而言,内容在反映现实方面要间接得多。然而其作用社会的方式却往往是当面陈辞,楚狂批评孔子是当面陈辞,屈原作品中一而再再而三地提到陈辞,又有"顾陈情以白行"(《惜往日》)、"申旦以舒中情"(《思美人》)等说法,都说明楚辞实现社会功能的方式比诗要直接得多。直接陈辞、间接

---

① 〔魏〕何晏:《论语集解》卷九《微子十八》,1931年故宫博物院影印元盱郡覆宋本,第8页。
② 语出《孟子·离娄上》,〔宋〕朱熹:《四书章句集注》,北京:中华书局,1983年,第280页。

批评,大概就是楚辞作用于社会的特点。正因为直接陈辞,话就要说得委婉,不能直露;就需以情动人,用语就要有艺术感染力。所以楚辞讲究辞令,讲究气势与文彩,这又促成了楚辞夸张瑰丽的浪漫风格。

四是艺术形式的差异。诗骚在句式、结构、声音等方面都有差异。

语言结构方面,诗以四言为主,杂以其他。每首诗都分章,没有概括性标题以篇首为题。楚辞则四言最少,五、六、七言等句数目参差。句末语助以"兮、些"为主,不像诗那么纷繁。每首都不分章,但有"乱""少歌"等尾声。楚辞大多有概括性标题,屈子二十五篇仅《悲回风》《惜诵》《思美人》《惜往日》四篇以篇首为题,其余都有概括性题目。

声音特征包括语音与音乐两个方面。这个方面,诗是雅声雅乐,楚辞是南音楚歌。

孔子诗三百皆弦歌之,用的是雅言。何谓雅言,据章太炎考证,雅言就是夏言,是起于宗周故地通行于周文化地区的普通话。① 正像现代广东人唱粤曲用粤方言,北京人唱评弹用京腔一样,上古周文化地区唱诗用雅言,楚人唱楚歌则用楚方言。这是歌咏言,曲调和语音原是要配合协调的。

楚歌当年一定有曲调,惜今已无考。楚方言在楚辞却是很多的。可以想象主要用楚方言写作的楚辞当然不合雅乐,不能弦歌

---

① 章太炎:《大疋小疋说》,见洪诚:《中国历代语言文字学文选》,南京:江苏人民出版社,1982年,第41页。孔子用雅言,《论语》有"子所雅言,诗书执礼皆雅言也"的记载。

之，当然不被中原文教看作正乐。这也是《诗经·国风》不收楚辞的主要原因。又加上楚地方言跟雅语差异很大，甚而至之被贬为南蛮鴃舌。

南蛮鴃舌尽管出于尊王攘夷的偏见，不过客观上倒道出了楚夏之声在语音以及语汇、句式方面的系统不同。张萱认为楚辞屈原诸作中有的合韵，有的不合韵。不合韵的应当是"用当时土语自可叶，后人以今所行韵语读之自不可叶耳"①。至于楚辞中的方言词，王逸已经指出很多了。还有一些特殊句式，如副词置句首、内动词置句首、动词置句首②等，似乎也是楚方言的特殊语法。

独特的语音、词汇、句式再加上楚曲，使得楚歌与雅乐鲜明地区分开来，经两汉皇家的推崇，其词品跻身大雅，其语音、音律亦成特殊学问，如汉有九江被公可诵楚辞；隋有释道骞善读楚辞能为楚声，并著有《楚辞音》一书。③ 汉魏之间楚辞讲究诵读，"名士不必须奇才，但使常得无事，痛饮酒，熟读离骚，便可称名士"。读的时候十分投入，甚至有"当尔时，觉一座无人"④之感。这恐怕与楚辞所特有的语音、音律及悲凉的情调有关。

以上略论诗骚四点区别，足以说明诗与骚是北方与南方两种不同文化传统的产物。但是随着东西周的递嬗，南北交流的频繁，文化的互相渗透影响乃至融合都是非常可能的。北人能歌南风，

---

① 见姜亮夫《楚文化与文明点滴钩沉》一文所引张萱说，及姜亮夫：《三楚所传古史与齐鲁三晋异同辨》。
② 参阅刘永济：《屈赋者注详解·屈赋释词》，上海：上海古籍出版社，1983年。
③ 分别见《汉书》卷六十四下《王褒传》，第2821页；《隋书》卷三十五《经籍志》，第1056页。
④ 分别见《世说新语·任诞》、《豪爽》篇。徐震堮：《世说新语校笺》，北京：中华书局，1984年，第410、331页。

春秋师旷即是。至于战国,更有以楚乐为宫廷之乐者,如齐宣王"听郑卫之声,呕吟感伤,扬激楚之遗风"①。

南人接受北人文化也很普遍,政教上接受礼乐朝仪,思想吸取儒墨诸家。楚贵族学诗同样是必修课,楚左史倚相讲《懿戒》,子革给楚灵王讲《祈招》,分别见于《国语》《左传》,楚王与大臣同中原诸侯交接同样能赋诗言志。同样,屈子作品中也有诗风雅的痕迹。如在作品中提到"诗",并且还有仿诗的作品。屈原自称"道思作颂,聊以自救"。"颂"是诗体之一,毛传曰:"颂者,美盛德之形容,以其成功告于神明者也。"屈子作颂,美其理想之德以告祖先神明,意在泻泄邑郁,寄托情思。《橘颂》应当就是这样仿"颂"诗的作品。屈子在《橘颂》中赞美橘之衡而不流,独立不迁,寄托自己的理想与向往。全篇以四言为主,句式与《诗经》亦接近。另一篇《国殇》也是美盛德之形容的作品,可句式与《橘颂》不同,与楚歌的句式相同,题目亦不标出颂,形式上不是仿作,立意上可能受到颂的影响也未可知。屈子是否还有别的颂,今已无考了。

综上所述,诗与辞代表了先秦北方的周鲁文化与南方楚文化的两大文学系列,诗骚各有渊源而异质,不能一律看待,以诗义解骚只能扞格不胜,难圆其说。研究楚辞只有将它置于先秦楚文化的广阔背景之下历史地考察,才能恢复它本来面目,达到符合历史真实的理解。

原载《云梦学刊》1993 年第 2 期

---

① 〔汉〕刘向:《新序·杂事第二》,赵仲邑:《新序详注》,北京:中华书局,1997年,第68页。

《礼记》政教论

中国古代的礼学源远流长。自周公制礼作乐始,孔子定《礼》《乐》,沿至汉武帝立太学,置礼经博士。汉宣帝又分立戴德、戴圣二家。《礼记》,最初是作为诠释说解礼经大义的教本,各家相传的,故而有《大戴礼记》、《小戴礼记》。《大戴记》今无完本,《小戴记》49篇因郑玄作注而受到重视,尊为正统,辅经流传。至唐,把它由传升格为经。宋人抽出《大学》《中庸》与《论》《孟》合称四书,奉作国教,一直延续到晚清。

《礼记》成书于西汉中叶,是汉儒对先秦包括汉初儒家学者著述的纂集,并非一人之制而是一派之精。它记载了以思孟学派为核心、集诸子之长的儒家封建政治伦理思想和儒家教育思想的理论系统。在独尊儒术之后,几乎又成为延续二千余年的封建社会历史过程的政治思想和教育思想的理论基础。所以,它不但是中国封建政治伦理思想的重要研究材料,而且理所当然地要成为封建社会教育思想的重要研究材料。

过去研究《礼记》的教育思想,多集中于《学记》《大学》《中庸》《乐记》《王制》《内则》《文王世子》等几篇。这几篇中有关教育问题特别是学校教育问题的材料较为集中,对它们进行重点研究是必要的。然而,我们若将视角扩大,对《礼记》所记录的封建教育思想体系作一番全方位考察,就会发现,贯穿于49篇中的正是以教育为立国之本的思想和在这种思想指导下所设计的政教体制,因而要了解《礼记》的教育思想体系,统览全书的宏观研究也是不可少的。

全面考察《礼记》的思想体系,我们可以看到它所反映的教育思想,是一种政治教育思想,它以治国训民为目的、以教化万民为手段,实施自上而下的全民教育,学校教育只是它的一个组成部分。下面,从两个方面加以讨论。

一、教 育 论

(一)以天道设教

《礼记》政治教育思想的立论基础是天道观:

> 天道至教,圣人至德。①

"天道"与"圣人"并提,暗示了天的神圣意志。天体运行,四时递嬗,百物生长,都是这种意志的体现。"天有四时,春秋冬夏,风雨霜露,无非教也。地载神气,神气风霆,风霆流形,庶物露生,无非教也。"②自然界不停地运行,阳光雨露,风雨霜雪,都不是人力可以改变的,或善或恶,或生或灭。这对于人们是一种

---

① 语出《礼记·礼器》,《礼记正义》,北京:中华书局聚珍仿宋版,1957年,第1126页。
② 语出《礼记·孔子闲居》,《礼记正义》,第2062页。

无形威压,顺之者昌,逆之者亡。因而自然力被人格化,赋予了人的主观意志,它的不可逆转的目的性就被当成了一种教化。所谓"天何言哉?四时行焉,百物生焉,天何言哉?"①,发自内心的慨叹,何尝不是对天道弘深的赞美。在儒家看来,天道教化是在不言之中,"天不言,殖其道于贤者之心"②。只有圣贤才能懂天意,与天地合德,效法天道。"唯天为大,唯尧则之。"因此,圣人的"至德"不过是天道的模仿而已。皇天庇佑有德之人,"皇天无亲,唯德是辅"③。

圣人之教体现天意,天道是教化的本源。在生产力低下的上古,受历史认识条件的局限,人们对教育本质的解释,恐怕提不出比这更好的说法。

这种天道设教论,交给了封建君主天命神授的绝对权威,同时又编制了能给君权以有限控制的冥冥约束,其历史意义是复杂的。但有一点可以肯定,尊教齐天,无疑是把教育放在了首要地位。在这里,教育成了立国之本。这一思想,在先秦诸子之中是独树一帜的。"建国君民,教学为先"④,这先秦儒家的卓见,对漫长的中国封建社会的政治稳定和统治人才的培养产生了深远的影响。

(二)教为政事之本

以天道设教,神化教育,表现了儒家重教的决心。在儒家看

---

① 语出《论语·阳货》,〔宋〕朱熹著:《四书章句集注》,北京:中华书局,1983年,第180页。
② 语出《论衡·遣告篇》,黄晖撰:《论衡校释》,北京:中华书局,1990年,第646页。
③ 语出《左传·僖公五年》,杨伯峻编著:《春秋左传注》,北京:中华书局,1981年,第309页。
④ 语出《礼记·学记》,《礼记正义》,1550页。

来,教不是可有可无的,"刑"与"政"都得以教为本,"以不教民战,是谓弃之"①,不教而杀罚百姓之罪是谓祸民。只有在教育中辅以刑,使民知所趋所违,才是治民之道。因而,教之于为政,其功巨矣。

　　天地之道,寒暑不时则疾,风雨不时则饥,教者,民之寒暑也,教不时则伤世。事者,民之风雨也,事不节则无功。②

　　"教"与"事"并称,何谓"事"?《论语·子路》篇记孔子答冉有为政之三道为:庶民,富民,教民。《说苑·建本》篇也有相似记述:"子贡问为政。孔子曰:'富之。既富,乃教之也。此治国之本也。'"可知"事"乃使民富庶之略。"事"与"功"相连,"教"与"化"相连,而《礼记》认为,"教化"影响"事功",它们之间是因果关系。因为国之政事是否有功效,根本上要取决于教化的成败。《缁衣》云:"子曰:夫民,教之以德,齐之以礼,则民有格心。……故君民者,子以爱之,则民亲之;信以结之,则民不倍;恭以莅之,则民有逊心。"③用德来教化感染民众,民众就会亲附你。"天生时而地生财,人其父生而师教之。四者君以正用之。故君者,立于无过之地。"④善教化,民众亲附,则可使君立于无过之地,建不朽之功。可见,教行成败影响风俗浇淳、人心向背,其结果必然对社会治乱

---

① 语出《论语·子路》,《四书章句集注》,第 148 页。
② 语出《礼记·乐记》,《礼记正义》,第 1624 页。
③ 《礼记·缁衣》,《礼记正义》,第 2212—2213 页。
④ 语出《礼记·礼运》,《礼记正义》,第 1029 页。

发生作用。政教密不可分,孔子曰:"入其国,其教可知也。"①其教可知则其政亦可知。

(三)教,要从君上做起

教化民众是为了强化统治,而关键在于统治者。儒家认为,君上是教化的主体。孔子说:"君子之德风,小人之德草,草上之风,必偃。"②民风直接承诸君教,君为民之表,民为君之效,故为民长上,不可不慎。《缁衣》云:"子曰:下之事上也,不从其所令,从其所行,上好是物,下必有甚者矣。故上所好恶,不可不慎也,是民之表也。"从这里,合符逻辑的推论必然是统治者要首先教育好自己,修德正身。由此,儒家进一步把"为政"理想化为以善行感化民众从而正理天下的施教行为:

> 公曰:"敢问何谓为政?"孔子对曰:"政者,正也。君为正,则百姓从政矣,君之所为,百姓之所从也,君所不为,百姓何从?……古之为政,爱人为大。所以治爱人,礼为大。所以治礼,敬为大。……爱与敬,其政之本与?"③

在这种恩赐式的政教中,无疑,受教赐的是百姓,施教的是统治者;但施教的起点却是施教者本身。先教好自己,然后才能教育万民。所以儒家重视修身,"从天子以至庶人,壹是皆以修身为

---

① 语出《礼记·经解》,《礼记正义》,第2021页。
② 语出《论语·颜渊》,《四书章句集注》,第138页。
③ 语出《礼记·哀公问》,《礼记正义》,第2029—2030页。

本"①。格、致、诚、正才能修身,修身才能齐家、治国、平天下,环环紧扣,指出一条通往权力巅峰的坦途。因此,积善成德既成为天下众生之共同准则,则"明明德"者就具备君主的资格。可见,造就贤明有德的君主,是儒家政治理想,也是教育的必然前提。一切依赖所谓贤明君主,固然是英雄创造历史的唯心史观;但要求君主贤明爱民却未可厚非,要求领导者修德正身、为民表率,至今仍有现实意义。

(四)长官就是教官

既然施教的过程就是为政的过程,所以教官也就是行政长官。"能为师然后能为长、能为长然后能为君。"②政教不分则官师一体。《礼记》认为,行政就是在施教:"君好之,则臣为之;上行之则民从之。"③在儒家看来,从君王到臣下,都是教官,只不过处于不同层次,各自教化的范围不同而已。君主教化天下,臣子助流教化同时还负有谏诤之任。

《礼记》将虞舜树为君主为教的典范。"后世虽有作者,虞帝弗可及也已矣。"因为他"君天下,生无私,死不厚其子,子民如父母,有憯怛之爱,有忠利之教"④。而周公则成为臣下设教的楷模。周公定周礼,"古之制礼也,经之以天地,纪之以日月,参之以三光,政教之本也"⑤。甚至连处罚都渗透了教育意识。"成王幼不能莅阼,周公相,践阼而治。……成王有过则挞伯禽,所以示成王世子

---

① 语出《礼记·大学》,《礼记正义》,第 2343 页。
② 语出《礼记·学记》,《礼记正义》,第 1562 页。
③ 语出《礼记·乐记》,《礼记正义》,第 1658 页。
④ 语出《礼记·表记》,《礼记正义》,第 2185—2186 页。
⑤ 语出《礼记·乡饮酒义》,《礼记正义》,第 2401 页。

之道也。"①儿子受苦,天子受教,其用心良苦,无怪儒家要津津乐道了。

总之,无论为君为臣都要教化民众,教民方可为"仁"。"子言之,君子之所谓仁者,其难乎!《诗》云:凯弟君子,民之父母。凯以强教之,弟以说安之。""强教"使民"说安","乐而毋荒,有礼而亲,威庄而安,孝慈而敬,使民有父之尊,有母之亲,如此而后可以为民父母矣"②。为官如果不从伦理上教化民众,使之安守本分,尊敬长上,那么,即使爱民,也不能成为"君子"。子产就是一例,"子产犹人之母也,能食之,不能教也"③。这个道理,孟子说得明白:"人之有道也,饱食、煖衣、逸居而无教,则近于禽兽。"④把人喂饱而不教育是不行的,不懂得封建人伦规范的人,跟阿猫阿狗并无二致。在这里,以治国平天下为己任的儒家认识到人心向背对于治平大略的重要意义,所谓"纣有亿兆夷人,亦有离德,余有乱臣十人,同心同德"⑤。如果天下百姓都像众星拱卫北斗一样拥护你,还愁什么统治不能安稳呢?因此,为了达到封建统治的长治久安,必须根治民心。"设为庠序学校以教之","申之以孝悌之义",则"人伦明于上,小民亲于下","然后驱而之善,故民之从之也轻"⑥。可见,其"教化"实际上是封建意识对人的改造,这是一种思想控

---

① 语出《礼记·文王世子》,《礼记正义》,第936页。
② 语出《礼记·表记》,《礼记正义》,第2182页。
③ 语出《礼记·仲尼燕居》,《礼记正义》,第2037页。
④ 《孟子·滕文公上》,《四书章句集注》,第259页。
⑤ 《左传·昭二十四年》引《太誓》语,杨伯峻编著:《春秋左传注》,第1450页。
⑥ 语出《孟子》的《梁惠王上》与《滕文公上》两篇,《四书章句集注》,第255页、204页、211页。

制,更是某种程度上的心理认同,它与刑政不同之处就在于它是在人的心灵深处构筑起防范封建叛逆的心理堤防,让人们顺理成章地接受统治,中心悦而诚服之。

为了达到这一目标,《礼记》中设计了一套从内容到形式完全封建化的教学体系,构成了儒家教育思想的教学论。

二、教 学 论

(一) 礼教

礼教是政治教育的主体:

> 道德仁义,非礼不成;教训正俗,非礼不备;分争辩讼,非礼不决;……宦学事师,非礼不亲。①

礼教的目的是"坊民"。子云:"夫礼者,所以章疑别微以为民坊者也。故贵贱有等,衣服有别,朝廷有位,则民有所让。"②"坊民"有"刑"与"礼"两种法子。礼是软法子,刑是硬手腕,缺一不可。"出于礼,入于刑,礼之所去,刑之所取"③,在儒家看来,礼重于刑,所以为政要先礼后兵,一味杀罚便是下策,"诛之则不可胜诛"也。④"教学为先",也就是要禁民于未发;若不先教,待"发然后

---

① 语出《礼记·曲礼》,《礼记正义》,第 32 页。
② 语出《礼记·坊记》,《礼记正义》,第 2068 页。
③ 语出《论衡·谢短篇》,《论衡校释》,第 566 页。
④ 语出《孟子·梁惠王下》,《四书章句集注》,第 223 页。

禁,则扞格而不胜"①。因此,礼乐的诱导感化既是首要任务,也是长期策略,它渗透到社会生活的方方面面,大到国典,细到仪表,都是教化的手段。

> 长民者,衣服不贰,从容有常,以齐其民,则民德壹。

又:

> 大人不倡游言。可言也,不可行,君子弗言也。可行也,不可言,君子弗行也。则民言不危行,而行不危言矣。②

言行举止、衣服容仪要谨守礼的规定,引导民众遵循常规,消除危言危行,民心稳定则天下稳定。

儒家认为,尽管礼仪是一种行为规范和典礼仪式,但其中含有精微的义旨。"礼之所尊,尊其义也。失其义,陈其数,祝史之事也。故其数可陈也,其义难知也。知其义而敬守之,天子之所以治天下也。"③作为祝史,知道礼乐仪式就行了;作为天子,必须掌握礼乐精义。各种礼仪义有所不同,但有一点是相同的,它们都是教育的手段。略举一二,以见一斑:

> 祀乎明堂,所以教诸侯之孝也。食三老五更于大学,所以

---

① 语出《礼记·学记》,《礼记正义》,第 1560 页。
② 语出《礼记·缁衣》,《礼记正义》,第 2215 页。
③ 语出《礼记·郊特牲》,《礼记正义》,第 1205—1206 页。

教诸侯之弟也。祀先贤于西学,所以教诸侯之德也。耕籍,所以教诸侯之养也。朝觐,所以教诸侯之臣也。五者,天下之大教也。①

是故先王之制礼乐,人为之节。衰麻哭泣,所以节丧纪也。钟鼓干戚,所以和安乐也;昏姻冠笄,所以别男女也;射乡食飨,所以正交节也。礼节民心,乐和民声。政以行之,刑以防之,礼乐刑政,四达而不悖,则王道备矣。②

丧礼教孝,乡饮酒礼教悌,祭礼教德,耕籍教天下生养,朝觐教天下顺从。仪礼之中无一不教,教化民众的目的体现于繁文缛节的每一程式。一举手,一投足,都包藏大义,以祭祀仪式为例:

过之者趋走,以教敬也。醴酒在室,醍酒在堂,澄酒在下,示民不淫也。尸饮三,宾饮一,示民有上下也。因其酒肉,聚其宗族,以教民睦也。③

由此看来,行礼仪不仅仅是一种政治、伦理活动,更重要的是一种教化民众的活动。推行周礼,教化万民,是天经地义的。"礼也者,理也。乐也者,节也。君子无理不动,无节不作。"④礼之"理"体现在哪里?"所以治礼,敬为大。"⑤"敬"与"爱",其实都源

---

① 语出《礼记·祭义》,《礼记正义》,第1970页。
② 语出《礼记·乐记》,《礼记正义》,第1594页。
③ 语出《礼记·坊记》,《礼记正义》,第2077页。
④ 语出《礼记·仲尼燕居》,《礼记正义》,第2042页。
⑤ 语出《礼记·哀公问》,《礼记正义》,第2030页。

于封建人伦观念：

> 子曰："立爱自亲始，教民睦也。立敬自长始，教民顺也。教以慈睦而民贵有亲，教以敬长而民贵用命。孝以事亲，顺以听命，错诸天下，无所不行。"①

在以自给自足的家庭生产为主体的小农经济的封建社会里，家庭关系是最基础的社会关系。在儒家看来，父亲是一家之长，君主是一国之长，天子是天下之长，修身、齐家、治国、平天下是一个道理。在家里父为子纲，在朝中则君为臣纲；孝于父则忠于君，忠孝的精神是相通的。"事君不忠，非孝也。莅官不敬，非孝也。战阵无勇，非孝也。"②一切伦理道德规范，都由此生发开去，一个"孝"字便是它的核心。难怪《礼记·祭义》篇曰："众之本教曰孝。"陈澔注："言孝为教众之本也。"③为什么"孝"是教本？孔子的学生有子说得明白："其为人也孝弟，而好犯上者鲜矣。不好犯上，而好作乱者，未之有也。……孝弟也者，其为仁之本与？"④所以"礼教"只不过是人伦的推衍，"孝"教才是人伦的核心。孝悌行则人伦明，人伦明则等级定，亲亲尊尊，贵贱有别，尊卑有序，封建社会的统治秩序就从根本上得到巩固了。

---

① 语出《礼记·祭义》，《礼记正义》，第1939页。
② 语出《礼记·祭义》，《礼记正义》，第1963页。
③ 〔元〕陈澔注《礼记》，上海：上海古籍出版社，1987年，第262页。按，该本扉页书名为《礼记集说》。
④ 语出《论语·学而》，《四书章句集注》，第47页。

（二）学教

前文讨论过，统治者要先修身然后才能施教。修身的内容非常广泛，非一朝一夕可以学成，必有专门传授与训练才能做到。学校教育，成为必然。《礼记》记录了三代的学校制度，而以周代的小学、大学系列官学体制为正宗。学校教育的活动仍然离不了政治教育的纲。《学记》曰："君子如欲化民成俗，其必由学乎？"清人于鬯说："学当读为教。……盖惟教则能化民成俗，若但云学，犹未能遽至于化民成俗也。故曰：君子如欲化民成俗，其必由教乎。"[1]这个"教"包含两层意思：一是教化民众，二是教习贵族子弟。教化活动含有教习演示的内容，教学活动又包含着教化的意思，二者是相辅相成、互相渗透的，因而学校既是教学场所又是施行政教的地方。学校举行的施政教化活动，有天子视学，简贤绌恶，举行祭祀征伐大典，行养老、乡饮酒、大射礼仪等。专门的教学活动主要有两种：教习礼乐射御，教喻诗书文献。

> 乐正崇四术，立四教，顺先王诗书礼乐以造士，春秋教以礼乐，冬夏教以诗书。[2]

> （学生）十有三年，学乐、诵诗、舞勺；成童，舞象，学射御。[3]

"礼乐射御"主要是行为规范和技能训练，教者要教，学者要习。

---

[1] 〔清〕于鬯：《香草校书》卷三十一，北京：中华书局，1984年，第627页。
[2] 语出《礼记·王制》，《礼记正义》，第608页。
[3] 语出《礼记·内则》，《礼记正义》，第284页。

《月令》记:"命乐正入学习舞","命乐正入学习乐",均指教学生演习。教学诗书文献则需要讲解,《学记》称这种讲解为"教喻","故君子之教喻也,道而弗牵,强而弗抑,开而弗达"。"其言也约而达,微而臧,罕譬而喻,可谓继志矣","君子知至学之难易而知其美恶,然后能博喻,能博喻然后能为师"。

无疑,习舞习乐等培养过程,既出了人才又可影响风教,正体现了儒家设学的宗旨:化民成俗。这正说明了他们是把学校教育当作整体政治教育的一个组成部分的。至于教学原则、教学方法等方面,《礼记》里面也记录了不少,尤以《学记》所述为富。这些内容过去已经讨论得很充分了,在此从略。

(三)家教

家教也是《礼记》政治教育的一个部分,包括幼教与妇教。

《礼记》认为"夫妇别"是人之大伦,"三代明王之政,必敬其妻子也"。[①] 而作为妻子则要和顺,要符合妇德的要求。要达到这个要求,对女子实行家教就是必需的了。

> 古者妇人先嫁三月,祖庙未毁,教于公宫;祖庙既毁,教于宗室。教以妇德、妇言、妇容、妇功。教成祭之,牲用鱼,芼之以蘋藻,所以成妇顺也。[②]

核心是"顺",具体是"四教",实际上是一种礼法的约束。"四教"之严规后来不断强化,变成了束缚妇女的四大绳索,其罪孽是深

---

① 语出《礼记·哀公问》,《礼记正义》,第2031页。
② 语出《礼记·昏义》,《礼记正义》,第2387页。

重的。

幼教也是礼教的一个组成部分。从出生到入小学这段时间是《礼记》的幼教期。入小学的年纪,诸书记载不一。有八岁入学说,也有十岁入学说,还有十三、十五入学说。《礼记》持十岁入学说。《大戴礼记·保傅》篇卢景宣注云:"《内则》十年出就外傅,居宿于外,学书计者,谓公卿以下教子于家也。"这个"家"当指家塾,亦是入小学。所以《礼记》的幼教期是从出生到九岁止。

幼教期间要给幼儿选择师、保、慈母。其中慈母是奶妈,对师的要求最高:"宽裕慈惠,温良恭敬,慎而寡言"①者方可为师,因为师是负责教诲的保姆,保大概负责照料婴儿。从婴儿能吃饭、学说话起,开始教他:

> 子能食食,教以右手,能言,男唯女俞。男鞶革,女鞶丝。六年,教之数与方名。七年,男女不同席,不共食。八年,出入门户,及即食饮食,必后长者,始教之让。九年,教之数日。②

这种家庭幼儿教育可分为两个阶段。六岁以前主要教给正规的生活习惯,培养符合礼仪规范的言、食习惯,是最低级的礼教。六岁以后开始教一些初级的礼仪规范,让儿童知道男女有别,礼让长者等等;还循序渐进地教儿童算数、地名称谓、推算日期等。

这种幼儿教育是封建士大夫教育的准备阶段。儿童在礼仪环境的熏陶传染下,逐渐习以为常;进退周旋,皆中准绳。思想逐渐

---

① 语出《礼记·内则》,《礼记正义》,第1276页。
② 语出《礼记·内则》,《礼记正义》,第1283页。

铸就一个模子,视礼仪规范为理所当然。这就为进一步用礼乐诗书教育他们打好了基础。

三、结　语

至此为止,可以对《礼记》的教育思想有一个较全面的印象了。首先,它是一个完整的政治教育体系。它把教育建立在天道的原则上,然后据此来规范统治者自身的修养。认为长官即教官,上行必为下效。因此,君上的一举一动都要谨慎,时时刻刻想到教化民众的使命。其次,它把各项国家大典都看作教育手段,使之含有教化民众的意义。而学校教育、家庭教育则成为这种政治教育的一个有机组成部分,处于不同层次,发挥不同的作用。可以看出,《礼记》所设想的是一种纯政治伦理意识的全民教育。它有两个显著特点。其一是它的政治性。在儒家看来,教育始终是封建政治的行政手段之一,因而对它从形式到内容都要严格控制与规定,不能越轨;同时,它作为封建统治者的治民法宝,又被赋予了天道的神圣意志。正如王充所说:"六经之文,圣人之语,动言天者,欲化无道,惧愚者。之言非独吾心,亦天意也。"① 借助神圣的天意,圣人立教的正统地位得以确立。于是,为封建统治阶级培养驯民的目的意图掩盖在天道的彩衣下,封建的政治伦理思想与礼仪典章制度堂而皇之地成为天下之大道,独占了教育传播的圣坛。以封建人伦典章为主体知识的正统知识观因此确立,视异己思想为邪说

---

① 　语出《论衡·谴告篇》,《论衡校释》,第 647 页。

异端,把研究自然界看作方伎小道,结果严重地窒碍了中国古代学术与科学技术的发展。可见,教育若成为某种政治的仆从,则受政治专制的影响,由教育专制而产生的不良后果将不仅仅影响到教育本身,这是我们从祖先那里得到的宝贵遗训。其二是它的全民性。尽管儒家的学校教育是以"养士"为主,但它并非局限于士人的培养,而是极注重全民的教化。在这里,人人都要受教育。圣人受天道之教,君主要修身明德,尽管是万民的施教者,但自身教育这一关要过。而对茫茫众生来说,则"教化"乃如"饮食"一般重要。民众之成为民众,乃在于"明人伦";君子之成为君子,治民更须教民,不发展教育事业以教化百姓的官员不算是好官员。以教化全民为己任,这不能不说是儒家教育思想中的远见卓识。在教育改革深入发展的今天,仍是有其现实意义的。

原载《湖南师大社会科学学报》1989年增刊

论荀子性恶论的二重结构

人性——人的本质是什么？这是一个古老又未过时的问题。古往今来，有多少哲人为它绞尽脑汁，悠悠至今，积淀下无数的答案与疑惑，启发人们进一步探寻与思考。

在诸多说法中，尽人皆知的因为"人之性恶，其善者伪也"的命题而以"性恶论"名之的荀子的人性论，独标一枝、睿智先得。它从自然与社会的不同角度论述了人的本质双重结构，指出了教育与环境对人的发展的巨大作用；并非如人们通常所认为的那样仅仅只是给人类定下了"人性本是恶的"这世纪末日式的判决，而是具有比这深邃得多、丰富得多的哲理的与教育的思考。在改革开放深入发展、人们为了有所创造而不得不批判地继承传统文化的优秀成分的今天，再对荀子性恶论进行全面的考察，是不会没有裨益的。

下面，按我们对荀子性恶论立论逻辑的理解，逐一展开述说。

一、"性者，天之就也"

性的内涵怎样？人性怎么定义？

性恶论是不是想要告诉人们，人性的本质是天生丑恶的？要

回答这个问题,还是先来具体看看荀子是怎样说的吧。他在许多地方都对"性"下有定义,说法虽然略有差异,旨趣却是一致的。如:

> 性者,天之就也。(《性恶》,第 435 页)①
> 生之所以然者谓之性。(《正名》,第 412 页)
> 性者,本始材朴也。(《礼论》,第 366 页)

"天之就"与"生之所以然"的,也就是"本始材朴"的,意思都差不多。用今天的话来说,大致相当于"素质"的意思。它是由作为自然存在物的"天"所"生就"的,与"天"一样,它的本质只能是自然的,荀子用"本始材朴"恰当地描述了人性的这种自然属性。可见荀子并不主张"人性天生即丑恶"的说法。

在荀子那里,人性是由"情"与"知"两种基质构成的。二者既相对独立而又紧密相连,相互依存,共同构成人性自然基质的整体。

"情"是什么?荀子曰:"情者,性之质也。"(《正名》,第 428 页)"质"是质地的意思(质,《说文》:"以物相赘。"段玉裁云"以物相赘,如春秋质子是也。引伸其义为朴也、地也。如有质有文是"。质引申义是"质地")。也就是说,情是人性的物质依附者,形而下的部分,是人类延续生命、维持生存的机制与本能。它又可区分为"欲"(欲望)与"情"(情感)两个方面:

---

① 凡引述《荀子》均取清王先谦《荀子集释》(新编诸子集成本,北京:中华书局,1988 年),文中引述只出篇名及页码。

> 欲者,情之应也。(《正名》,第 428 页)
> 性之好恶喜怒哀乐谓之情。(《正名》,第 412 页)

前者是指欲望的情,后者是指情感的情。欲有五欲:耳目鼻口身之欲;情有六情:爱恶喜怒哀乐。内在的耳目之欲,外现出来就是生存与物欲享受的需要。"若夫目好色,耳好声,口好味,心好利,骨体肤理好愉佚,是皆生于人之情性者也;感而自然,不待事而后生之者也。"(《性恶》,第 437—438 页)需求满足则生愉悦,欲望压抑则生忧郁,情感缘此而生。所以,欲望既是生存的本能,又产生享乐的要求;情感出于欲望是否满足,"欲"与"情"二者迭为因果,密不可分。除非是不食人间烟火的神仙,人一日不能脱离物质需求,就一日不能没有物欲,有物欲就有相应的感情与情绪。情之与欲,如影之随身,寸步不离。

再说"知"。"凡以知,人之性也"(《解蔽》,第 406 页),"人生而有知"(《解蔽》,第 395 页)。"知"性也是与生俱来的。荀子强调的是作为"形之君而神明之主"(《解蔽》,第 397 页)的"心"知。他说:

> 心有征知。(《正名》,第 417 页)
> 说、故、喜、怒、哀、乐、爱、恶、欲,以心异。(《正名》,第 417 页)
> 情然而心为之择谓之虑。(《正名》,第 412 页)
> 治乱在于心之所可。(《正名》,第 428 页)

从中可以看出,荀子正确地认识到人的思维器官"心"是具备分析、综合、判断、推理等逻辑思维能力的。人有"心"知,才能分辨是非善恶,知道理义行止,才可能群居而分理,从而建立起社会组织,这是不具备"心知"的动物所不可比拟的。"人之所以为人者,非特以二足而无毛也,以其有辨也"(《非相》,第78页)。这个"辨",对个体而言是指人的思维分辨与判断能力;对群体而言是指社会的等级分别和职任分定。个体之辨决定群体之分,人们因而能够士农工商各司其职,理智地组成社会。凭借社会的力量,人类才成为宇宙万物的主宰。"力不若牛,走不若马,而牛马为用"(《王制》,第164页),"狌狌(猩猩)形笑亦二足而无毛也,然而君子啜其羹,食其胾"(《非相》,第78—78页)。所以人与禽兽的差异,并不是形貌上不同,而有本质区别。人能通过思维器官与外界接触,产生印象,形成概念,进行合乎逻辑的判断、推理、总结经验,形成知识,掌握规律。"所以知之在人者谓之知,知有所合谓之智,智所以能之在人者谓之能,能有所合谓之能。"(《正名》,第413页)由知到智,再到能,这个过程是人"心"所具有的功能。

综上所述,荀子的"知"性,是人性的精神范畴,是人的天生的心理机能。而"情"是人性中与物质生活相联系的部分,属于延续生命的生理机能及由此而生的某些心理特征。"情"与"知"都是"天之就"的与生俱来的机制与本能,本质上是人的自然特征。凡是生理、心理结构正常的人,莫不具有"情"和"知"。正是从这里出发,荀子认为人生来都是相同的,天生的圣人与天生的贱人都是不存在的。所谓"凡人之性者,尧舜之与桀跖,其性一也;君子之与小人,其性一也"(《性恶》,第441页)。在自然阶段的人性,既然没有君子小人的差别,那也就不与人的社会判断标准"善"与"恶"挂钩,这里有的只是人的生理与心理诸因素和特征,而天赋与每个人的基质是基本相同的。

二、"人之性恶,其善者伪也"

人性的自然状态无善恶可言,这只是人的基质,还不是人性的成型。"人之生,不能无群"(《富国》,第179页),人是社会的产物,人性成型,只能是进入一定的社会形态后的事情。那么,人性的自然基质进入社会后,又是怎样逐一展开发展成型的呢?荀子对这个过程有着丰富的论述。

从对人性的自然发展的分析中,荀子得出了性恶的结论。他认为性恶源于人性的"不知足"。

> 人之情,食欲有刍豢,衣欲有文绣,行欲有舆马,又欲夫余财蓄积之富也,然而穷年累世不知足①,是人之情也。(《荣辱》,第67页)

由荀子看来,"不知足"是人性天就的本质特征。这就意味着人之物欲与天之生物难以协调。由于它超出了生理需求范围,无论社会财富怎样丰富,都无法满足它,"欲多而物寡"(《富国》,第176页)。如果人性不加遏制,让物欲放任自流,那么必然要耗尽天物,引起争执和混乱。荀子说:"势位齐而欲恶同,物不能

---

① "不知足"原本为"不知不足"。唐杨倞注:"'不知不足'当为'不知足'。"可知原本衍"不"字,今据删。

澹则必争,争则必乱,乱则穷矣。"(《王制》,第152页)欲生寡,寡生争,争生乱,乱生穷,天下之公患不在财物多寡,归根结底一句话:"天下害生纵欲。"(《富国》,第176页)一切危害社会的恶行都产生于人性的不知足的情欲。按照荀子的意思,人的自然本性一旦进入社会,必然是产生争执动乱、制造恶果的主要因素。因此,在社会生活中仍然维持人的自然本性而顺其发展,那就必然危害社会。他说:"今人之性,生而有好利焉,顺是,故争夺生而辞让亡焉。生而有疾恶焉,顺是,故残贼生而忠信亡焉。生而有耳目之欲,有好声色焉,顺是,故淫乱生而礼义文理亡焉。然则从人之性,顺人之情,必出于争夺,合于犯分乱理而归于暴"。(《性恶》,第434—435页)

这段话关键是"顺是";其"好利""疾恶""耳目""声色"之欲诸种并不见得恶,而只是"顺是",任其发展,才必然产生"争夺""残贼""淫乱"诸种恶果。而"顺是"并非是有意的,乃在于欲望本身是不知足的,靠情欲本身的力量,无法控制它的为恶。基于此,荀子得出"人之性恶"的命题。这个命题的确切含义,按照我们的分析,应当是:"在社会生活中任凭人性自然发展则必然为恶",而绝不是人的本质天生就是恶的之意。在荀子看来,没有天生的善人,也没有天生的恶魔。善恶有分而荣辱自取。

夫天生蒸民,有所以取之。(《荣辱》,第59页)

故人知谨注错,慎习俗,大积靡,则为君子矣;纵情性而不足问学,则为小人矣。为君子则常安荣矣,为小人则常危辱矣。(《儒效》,第144页)

可见，人性本无害，纵性自取辱。要除去恶果，只有抑制纵欲。其途径就是通过教育使人人都明白纵欲的危害，建立起理智，然后以礼法限制人的行为。人性"待师法然后正，得礼义然后治"（《性恶》，第435页），这就叫作"化性起伪"。通过"化性起伪"的功夫，人才能逐步节制情欲，从必然为恶变得或可为善。化性程度积得越深，成善越多；化性达到穷尽，则可成为圣人。圣人也是由普通人通过人为的努力积累而成的，所以由恶变善，也只有一条唯一的途径：人为的努力。由此荀子推出第二个命题："其善者伪也"。（《性恶》，第434页）

从上面的分析，我们得到了这样的认识：在荀子那里，情欲与知能是人的自然本质特征，善良与丑恶是人性的社会本质特征，二者互相依赖，又相对独立，天生与人为缺一不可。人天生就是群体的社会化动物，正像人的自然本性免不了恶性发展导致危害社会一样，社会对人的本性的节制、改变也是不可避免的，而环境、教育以及行政的力量都是至关紧要的。

三、"人之欲为善者，为性恶也"

人性本不知有善，而在社会生活中自然发展又必然为恶；那么，社会客观存在的善又从何而来呢？荀子的答案是："人之欲为善者，为性恶也。"（《性恶》，第439页）

如前所述，荀子所说的人性含有两个方面内容：一方面是情欲（欲望与情感），这种本能人人具备，大家相同，没有高低贵贱之分。另一方面是知能（知觉，思维，能力），知能的器官"心"，人人都具备,但禀赋却有差异。尽管是"凡生乎天地之间者,有血气之属必有知"(《礼论》,第372页),但这种"知"除了人类与动物有本质不同外,人类内部也不是毫无差异的。"人伦并处,同求而异道,同欲而异知,生也"(《富国》,第175页)。"人伦并处"即指社会集体生活,人的天性在社会集体中表现出来"求"与"欲"的相同,"道"与"知"的差异。"道"由"知"出,就是"以为可而道之,知所必出也"(《正名》,第428页)的"道",大约等于方法、途径及判断、理解等。"知"异则"道"不同,道的不同源于人的智慧与知识的差异。这既有先天禀赋的差异,更重要的是有对后天生活的不同认识与理解和反映。人人都能够判断是非曲直,这是"知"的共性,但判断有准确与不准确(所谓"合"与"不合")的差别,这就是"知"的个性。所谓:

皆有可也,知愚同;所可异也,知愚分。(《富国》,第175页)

荀子在这里肯定了人的智能中先天的和后天的差异。这是人为什么要分等级的根据,也是人之所以弃恶从善的内因。但这并不等于说,人性就可以天生向善。

人性在满足生理需求的同时,能够进行认识世界的知能活动。"凡以知,人之性也;可以知,物之理也"(《解蔽》,第406页)。人们凭着自己的智能来判断什么"可",什么"不可";什么是可行的"道",什么是不可行的"非道"。"心不可以不知道,心不知道,则不可道而可非道"。君子、小人的差别,在这里显示出来了。"材性知能,君子小人一也;好荣恶辱,好利恶害,是君子小人之所同也,若其所以求之之道则异矣。"(《荣辱》,第61页)君子是以正道求之,日积月累而成;小人不以正道求之,所以常自纵欲取辱。而正道的获知也不是天意神授,而是起于人在社会生活中的磨炼、探索、思考与自我修为:

> 注错习俗,所以化性也。(《儒效》,第144页)
>
> 尧、禹者,非生而具者也,夫起于变故,成乎修修之为,待尽而后备者也。(《荣辱》,第63页)

荀子在这里特别点明"起于变故","变故"是指反常的事态。人遇到了不能满足欲望的反常事态,磨难、挫折、摔跤子碰壁,头破血流,心灰意懒之后就思考、探讨;就会恐惧、忧虑,就会知道自己人性中之恶因,就会"长虑顾后",为了长久地满足欲望,"于是又节用御欲"(《荣辱》,第68页),进行修养:"见其可欲也,则必前后虑其可恶也者;见其可利也,则必前后虑其可害也者。而兼权之,熟计之,然后定期欲恶取舍,如是则常不失陷矣。"(《不苟》,第51页)人们从这里悟出社会生活要有一套准则规范,自律律人,引人趋吉避凶,礼义法度就是这样产生的。当然,能这样悟道的首先是能"积思虑、习伪故"的圣贤,圣贤比凡夫俗子高出一等,就在于"君子养心莫善于诚"(《不苟》,第46页),他们有自知之明,"自知者不怨人,知命者不怨天"(《荣辱》,第58页),知道自己本性中有恶的因素而能努力修为罢了。而小人们则愚陋,不愿意正视自己或看不到人性之恶,目光短浅,少见多怪,纵情性,贪享受,侥幸售奸狂妄自大,稍遇挫折则怨天尤人,"失之己,反之人,岂不迂乎哉!"(《荣辱》,第58页)可见小人成不了君子,并不是不能成君子,而是缺乏勇气,战胜不了自身的恶性的缘故。

战胜了本性的恶,才能成善。荀子的善境,已不是至高无上不可捉摸的天国,而是作为恶的对立面出现的。由此可见,善与恶是处于同一层次的对立统一体,它们各自以一定的自然本性为基础,在现实的人类社会生存搏斗中形成。它们是人的自然基质的社会属性,确切地说,尽管有着必然性,但善恶二性仍然是后天形成于社会的,而不是先天生成的。就像为了维持个体生存而需要情欲,情欲放纵必然危害社会而产生恶一样,为了维持社会的生存与正常运转,必要有理智的节制来消除人为的恶欲,于是必然产生善。有恶就必然有善,二者都是生存之必然。恶,不是魔鬼施妖蛊惑人心所致;善,也不是上帝诸神对芸芸众生的恩赐,也不是圣君贤相平白无故地异想天开。善不是产生于至善之中,恰恰相反,"人之欲为善者,为性恶也"(《性恶》,第439页)。在这里,推动人的思想道德、伦理以及制度前进发展的原动力,归根结底出于人性的恶欲。这使我们想起了恩格斯的名言:"自从阶级对立产生以来,正是人的恶劣的情欲——贪欲和权势欲成了历史发展的杠杆。"[1]但荀子并不打算"要研究道德上恶所起的历史作用"[2],而是对它表现了极大的厌恶。同样厌恶"恶"的庄子,宣扬返璞归真,幻想消灭善来除去恶,而堕入空想;而荀子为除恶建立起善,由此生发出礼法,却走向了现实。

---

[1] [德]恩格斯:《路德维希·费尔巴哈和德国古典哲学的终结》,北京:人民出版社,1975年,第28页。
[2] 同上。

四、"学者以圣王为师"

荀子主张以善克恶,但并没有走向极端,像后代理学家那样提倡灭人欲。关于人欲,荀子认为是不可灭,只能节制。

> 虽为守门,欲不可去,性之具也。虽为天子,欲不可尽。可以近尽也;欲虽不可去,求可节也。(《正名》,第428—429页)

低贱到看门人,高贵到天子,只要有生命,就无法去掉物欲,也无法完全满足欲望。无法满足,就适可而止(近尽),无法去掉欲望,就恰当节制。"所欲虽不可尽,求者犹近尽,欲虽不可去,所求不得,虑者欲节求也。道者,进则近尽,退则节求,天下莫之若也。"(《正名》,第429页)这就是说,无论进,还是退,为官还是为民,都要能正确地对待物欲,这才叫"道"。"以道制欲,则乐而不乱;以欲忘道,则惑而不乐。"(《乐论》,第382页)那么"道也者,何也?曰:礼让忠信是也"(《强国》,第298页)。而其中的核心就是所谓能分异人群的"礼"与"义"。

在《礼论》篇里,荀子开宗明义:

> 礼起于何也?曰:人生而有欲,欲而不得则不能无求,求而无度量分界,则不能不争。争则乱,乱则穷。先王恶其乱也,故制礼义以分之,以养人之欲,给人之求。使欲必不穷乎物,物必不屈于欲,两者相持而长,是礼之所起也。(《礼论》,

第 346 页）

"礼义"的内容很广，其要点是：

> 礼者，贵贱有等，长幼有差，贫富轻重皆有称者也。(《富国》，第 178 页）
>
> 夫义者，所以限禁人之为恶与为奸者也。(《强国》，第 305 页）

两者一正一反，相辅相成，合称为"礼"。在道理方面，它是"理之不可易者也"(《乐论》，第 382 页）。在人伦日用方面，它是天下、国家的根本大法："人无礼不生，事无礼不成，国无礼不宁"，"君臣不得不尊，父子不得不亲，兄弟不得不顺，夫妇不得不欢，少者以长，老者以养，故天地生之，圣人成之"(《大略》，第 495 页、494 页①）。

这种礼，历史悠久，"百王之所同，古今之所一也，未有知其来者也"(《礼论》，第 369 页）。道理精微，"礼节文貌之盛矣，苟非圣人，莫之能知也"(《礼论》，第 376 页）。完全是上古智慧辨察的圣王为天下制定的，是当之无愧的天下之大道，治国之大法，除恶之利器，化性之良药了。

制定礼义的是先圣，执行礼义的是后王，宣教礼义的是君师。所以"礼有三本：天地者，生之本也；先祖者，类之本也；君师者，治

---

① 一本此两段话为一段。

之本也"(《礼论》,第349页)。作为国家政权,以礼法统治天下,不能不教化百姓,政教本是一体。作为统治者,更要善于教育子民,君师从来难分。"不教而诛"和"教而不诛"一样祸国殃民,教育与行政同是治国的法宝。政教的依据就是礼与法,礼法的灵魂是掌握了礼法精神的人。礼者,所以正身也;师者,所以正礼也。天下有治法而无治人,达不到治,而要有治法则必先有治人。正礼法的人比礼法更重要,所以,学莫便于近其人。什么人?圣王是也。

> 圣也者,尽伦者也;王也者,尽制者也;两尽者,足以为天下极矣。故学者,以圣王为师。(《解蔽》,第407页)

圣王是天下的治人,掌握了天下之大道。"圣人也者,道之管也。天下之道管是矣,百王之道一是矣。故《诗》《书》《礼》《乐》归是矣。《诗》言是,其志也;《书》言是,其事也;《礼》言是,其行也;《乐》言是,其和也;《春秋》言是,其微也。"(《儒效》,第133页)

文献典籍千差万别,都根本于一个"礼"字;治国之方古今百王,都少不了一个教化;天下众生千面一性,除恶成善必须化性起伪,正身于师法。

如果普通人能够学圣王,读诗书,明礼义,"学至乎止而后已",则"涂之人可以为禹"(《性恶》,第442—443页)。所以,求学问道,在圣人礼义已经阐明于天下之时,是鄙夫小人脱离粗俗恶习,步步优入圣域的唯一途径。"我欲贱而贵,愚而智,贫而富,可乎?曰:其唯学乎!彼学者,行之,曰士也;敦慕焉,君子也;知之,圣人也。上为圣人,下为士君子,孰禁我哉?"(《儒效》,第125页)作为社会成员,人人都有学习、受礼义教化的责任和义务。因为"人之生固小人,无师无法则唯利之见耳"(《荣辱》,第 64 页)。上至天子、王公贵族,下至平民百姓,不能以出身论高低,而只能以贤能与否决贵贱。譬如"天子也者,不可以少当也,不可以假摄为也。能则天下归之,不能则天下去之"(《儒效》,第 115 页)。而"虽王公士大夫之子孙,不能属于礼义,则归之庶人。虽庶人之子孙也,积文学、正身行,能属于礼义,则归之卿相士大夫"(《王制》,第 148—149 页)。在礼义法正这铁面无私的审判官面前,有谁能侥幸呢?由性恶而要求善,由求善而要积伪,大积则为大人,小积则为俗人,不积则为小人。孔子性近习远之说,在这里得到了完满的解释。

五、性恶论,人性二重结构说

恩格斯在《路德维希·费尔巴哈和德国古典哲学的终结》一书中引述了费尔巴哈的名言:

> 当人刚刚脱离自然界的时候,他也只是一个纯粹的自然物,而不是人。人是人、文化、历史的产物。①

费尔巴哈指明了人的社会性,而忽视了人的阶级性,在人性的自然性和社会性的矛盾中,始终围绕着抽象的人打圈子,提出追求幸福的双重节制假说,使他的道德准则——爱成为如恩格斯所说

---

① [德]恩格斯:《路德维希·费尔巴哈和德国古典哲学的终结》,第 28 页。

的"极其贫瘠、空泛"的东西。在无产阶级革命如火如荼,科学技术飞跃发展的 19 世纪,双重节制说确乎没有告诉人们新的东西。

如果我们把时间往上推两千年,情况就不同了。在中国,当时战国纷争,天下大乱。上古的洪水猛兽时代虽已过去,但分裂、动荡、战争、杀戮、贫困、饥饿、礼崩乐坏等等,新的人为的洪水猛兽几百年来连绵不绝。既然这一切都是人为的,那么在这个疯狂的世界,人到底充当了什么角色?如何才能遏止狂涛,稳定社会?荀子立足于朴素的唯物主义自然观,以敏锐的洞察力和思辨力量,对人的本质问题作了入木三分的剖析,达到了在他那个时代所能达到的理论高度。在他极富思辨的性恶的论说中,我们同样看到了人性的自然属性与社会属性对立统一的二重组合。在这里,情欲、人性的自然本质使人成为一个自然本能的人,以保存生命、延续种族。但人是社会的产物,必然要在一定的社会形态中生活。人构成了社会,而人的自然本性的放纵恰恰又要走向它的反面,扰乱社会甚至毁灭社会。这是为恶的根源。为此,为了不至于扰乱社会,发生悲剧,人们的理智逐渐学会了节制、互利与协调。尽管最先是由智能较高的人来完成,但毕竟还是在现实生活中产生了维持平衡与协调的道德的和行政的准则:礼与法。

治理国家当然要做到令行禁止,权威是不可少的。但权威解决不了根本问题。"口可劫而使墨云,形可劫而使诎申,心不可劫而使易意"(《解蔽》,第 398 页)。禁算不如治本,心病还待心药。以圣王礼义教化众生的封建教育被提到国家大政的高度,成为封建政治的一身而二任的有力支柱。同是强调教育的作用,与孟子立足于性善,把教育看作完善人的过程不同,荀子立足于人的性恶,把教育看作改造人的唯一途径。孟子的个人内省式的复性归善在这里是不可能的,也是不必要的。教育改变人,塑造人,在荀子才真正被看成了从上至下普遍的有目的的社会职责和义务。

人人生来都要受教育,都是受教育对象。虚心受教的,可以凭着学识力行,积善而入君子之域,成为新的施教者。不受教甚至抗拒教化者,自有王法处置。在这个意义上,各级政府官员都是不同程度的教师,天子是天下人人服从的大师。只有能为人师,才能为民长上。言以教之,身以化之,芸芸众生耳闻善言,身染善行,日积月累,"防邪僻而行中正",恶性渐消,善心渐萌,则天下人遵礼乐法正,即使达不到天下大同,也不至于为非作歹了。在荀子看来,通过封建国家的教育,把"礼法之大防"植入民众心中,乃是遏止社会人为祸害的根本大计。当然,荀子出于为建立统一、稳固的封建政权服务的教育目的,强调教育内容以封建礼法为唯一内容,排斥不同思想流派和自然科学知识的教授;为了教育的统一,提出守师法,强化教师权威,强调对教者的绝对服从,不允许学生有不同的见解,离经叛道被视为首恶大猾。这些对后代教育都产生了消极影响。但是,正确地认识到人的本质的二重性,有针对地提出"以伪饰性"说,也就是说,由此而得出有目的的教育是改变人、重塑人的灵魂的唯一有效的社会途径,从国家、社会对人实行有目的的改造的高度,把教育提到了立国之本的高度,这不能不说是荀子的卓识。比较两千年后费尔巴哈的立足于自然的双重节制说,荀子通过人为的努力(伪)来教育人,改良人性,不是更加积极有力吗?与双重节制说遵守的无政府原则有本质不同的更在于荀子的礼法教育是国家的有目的的社会工程,是经国大政的重要组成部分,在它的背后站立着国家权威,不守礼者必绳之以法。这样才可能把费尔巴哈所设想的"人是人、文化、社会的产物"能动地变为现实,只不过比它早了两千年罢了。在这里,借用黑格尔的命题,将是切合情景的:"当人们说人本性是恶的这句话时,是说出了一种更伟大得多的思想。"①

原载《湖南师大社会科学学报》1991年增刊

---

① 恩格斯:《路德维希·费尔巴哈和德国古典哲学的终结》,第28页。

"近取譬",孔子的一条重要思想方法

众所周知,作为思想家的孔子的思想聚焦点始终是人类社会的现实问题,也就是说,他的思考对象是"人"。正像大家所公认的,对这种对象的思考中,孔子的思想成果尽管丰富多彩,然其核心是"仁"。考察他的思想轨迹,孔子是由对"人"的观察、剖析,进而深入"仁"的深层内涵的,其间起重要作用的是"近取譬"的思想方法,这是孔子自己也承认的,在《论语·雍也》篇中,孔子说"能近取譬,可谓仁之方也已"。

我们可以从《论语》中看到,关于"仁",孔子尽管说法多样,但它的重心指向几乎无一例外都与"人"密切相关。《礼记·中庸》篇曾概括说:"仁者,人也。"孔子在回答樊迟问"仁"时也说"仁"就是"爱人"。在孔子那里"仁"是离不开人的。"仁远乎哉"?否也。仁就在你的身边,"我欲仁,斯仁至矣"。子夏曰:"博学而笃志,切问而近思,仁在其中矣。"(《论语·子张》)"仁"就在人伦日用的修为中,"仁"的立足点原来是人类社会最基础、最普遍的事实。一个人只要努力学习,立志向上,又善于从身边的小事做起,矢志不渝,也就距离"仁"的要求不远了。可见,立足于普遍的社会事实,推论出稳妥可行的社会原则,从而制定崇高的社会目标,这大概就是孔子由人到"仁"的思辨过程了。孔子就是通过由社会基本细胞,人近取譬的途径，得出"仁"的大道理来的。

不仅如此，考察孔子的思想，在解释客观事实、说明社会现象、进行理论探索、阐述思想观点时，大都小处着手，大处着眼，由身到人，由近及远，立足于可知可感的具体事实与现象，从人们日常起居、亲切实在的事实出发，推论出自己的观点，以之说明、解释现实现象，并进而寻找规范人们的思想与行为的途径。由此看来，"近取譬"确实是孔子经常使用的一条重要思想方法。

孔子近取譬的思想方法有三个显著特点：

其一，实际观察。这就是分析处理问题时先从实际观察入手。孔子是善于观察的，他观察的范围很广泛，包括自然界与人类社会，他观察自然现象的变化，曾拿天体运行、四时递嬗、万物自然生息来说明他的不言之教。他鼓励学生通过读《诗》，多识草木鸟兽虫鱼之名。对人的观察他尤其注重。他说："不患人之不己知，患不知人也。"（《论语·学而》）知人的主要途径就是观察："观其所以，视其所由，察其所安，人焉廋哉？人焉廋哉？"（《论语·为政》）观察的对象，微观的是个体的人，宏观的是整个社会，而孔子观察中最注意的是中观的对象，即一个一个彼此关联的社会群体。他对封建制社会各种类型的人类群体都有观察，如君子、贤人、善人、成人、士民、小人等等。他阐发了听言观行的原则，"始吾于人也，听其言而信其行，今吾于人也，听其言而观其行"。不单听人自述时要观其行，而且对于社会评价也要实际考察，"众恶之，必察焉，众好之，必察焉"（《论语·卫灵公》）。因为舆论的毁誉大都包含舆论者个人好恶与偏见，不一定公正，并且正直的人常杵触人意，乡愿之人更讨人喜欢，所以看人不能光听人家说他怎么样或者他自己说得如何,重要的是看他做得怎样。君子是能"先行其言而后以之"的人,"言而无信,不知其可也"。所以只有听言观行,才能知人善任。尧舜垂衣裳而治天下,是因为能选贤任能,周武王有"乱臣十人",国家治平,孔子叹曰:"才难。"可见知言知行,是选贤任能的必要条件,对人进行实际观察,就能更好地推行贤人政治。

其二,解决实际问题,务实不务虚。这是孔子"近取譬"的主要目的。"夫子之文章,可得而闻也,夫子之言性与天道,不可得而闻也。"(《论语·公冶长》)"子不语怪、力、乱、神。"(《论语·述而》)神奇诡怪、虚无缥缈的东西,孔子尽量避免谈。"未能事人,焉能事鬼","未知生,焉知死?"(《论语·先进》)所以,对鬼神应取的态度是"敬鬼神而远之"。当务之急,还是应当"务民之义"。他非常赞赏以直道事人,反对夸夸其谈。在《论语》中,孔子不止一次斥责"巧言令色",指出"巧言乱德","鲜矣仁"。他很不喜欢狡辩、讲歪道理的人,称之为"佞"。他研究学术,传播知识,培养人才都是有实际目的的。"子以四教,文行忠信"是为了培养"君子儒"。鼓励学生谈《诗》是为了能立言,学礼是为了能立身。"加我数年,五十以学《易》"是为了为人处世"无大过矣"。他反对为学问而学问,"诵诗三百,使于诸侯,不能专对,虽多亦奚以为?"(《论语·子路》)读了书不能在实际政治生活中运用,不如不谈。更反对凭空作语,向壁虚造,"盖有不知而作之者,我无是也"(《论语·述而》)。

他研究学术,意在用世,讲究言而有信,多闻阙疑,多见阙殆,朴实厚重,讷言敏行,含而不露,引而不发。看似浅易其实则博大精深。以至许多人不能了解,甚至误以为能言善辩的子贡贤于孔子。子贡说:"譬之宫墙,赐之墙也及肩,窥见室家之好。夫子之墙数仞,不得其门而入,不见宗庙之美、百官之富。得其门者或寡矣。"因而"夫子之不可及也,犹天之不可阶而升也"(《论语·子张》)。

其三,立足于事实,论言有证,切实可行。在做法上,孔子是反对"御人以口给"的;能言巧辩而空洞无物,他很不赞成。正像荀子所说,"君子言不贵苟传",什么"钩无毛,卵有须,齐秦接天地平",奇谈怪论讲得头头是道,但不能说明实际问题,于世无补,故而君子不贵。

考察《论语》,孔子的许多重要论点,都是有所取证而立论的。比如,论述为什么要实行"孝悌"三年之丧,孔子以人生三年不离父母怀抱,受父母大恩应当报恩为论据。又为了说明孝悌要礼来节制,拿人与犬马来比较,孝亲如果只是理解为"养亲",则与犬马无异。这些证据取自社会生活中的人伦日用,使人觉得亲切实在。

此外,孔子立论还大量取证故言故实,以历史传述和先贤警语说明问题,论证观点。如他论述统治者要行德政,用天象中北斗星居中,众星拱卫为喻,并引述历史上尧舜禹汤的德政,说明为政以德的重要性。称赞周王室先人泰伯"三以天下让",盛赞周文王"三分天下有其二,以服事殷"。指出他们都循礼谦让,不行强权,以大事小,维护大局,这与春秋时诸侯混战,弱肉强食,战乱频仍,民生凋敝形成鲜明的对照。所以孔子特别欣赏周文王的德政,认为"周之德,其可谓至德也已矣"(《论语·泰伯》)。这样的例子是很多的。

孔子向别人讲解自己的观点,也是就近取譬,尽量讲得浅显简明,深入浅出,使对方易于理解与接受。比如他向很多人讲述过

"仁"的含义，几乎没有一次是雷同的。这也是因为所讲者情况各不一样，讲述的情景各不相同的缘故。但他能根据听讲者的特点，切合实际地讲解，这在教育方法上是因材施教，在思想方法上是就近取譬。如仲弓问仁，孔子回答说："出门如见大宾，使民如承大祭，己所不欲，勿施于人怨，在邦无怨，在家无怨。"（《论语·颜渊》）出门如何，使民如何云云，都是以自己本身要做到的角度来讲的。讲得实在，切实可行。所以仲弓回答："雍虽不敏，请事斯语矣。"仲弓从政后，孔子告诫他为政要"举贤才"。仲弓问："焉得贤才而举之？"子曰："举尔所知，尔所不知，人其舍诸？"（《论语·子路》）这也是从我做起、从身边从现在做起的意思。只要你当政者真心诚意地提拔人才，使用人才，贤才就会自己来的，正所谓"我欲仁，斯仁至矣"。

  从上面的分析可以知道，近取譬的方法，就是从人们熟知熟悉的事物或现象入手，说明自己的看法，借以解决实际的社会问题的思想方法。从本质上讲，是一种经验方法，带有很大的可感性和实用性。这与先秦道家重理性思维的抽象思辨是大不相同的，也与名家讨论名物的从概念到概念的带有狡辩的纯逻辑演述有根本的区别。与墨子相比，孔子在义与利二者之间，更关心义，不与民争利是儒家的一贯立场，所以孔子学说也是非功利主义的。"君子喻于义，小人喻于利"，他反对统治者与士大夫学习农业等实业知识与经营管理。所以他的近取譬思想方法尽管重视实际讲求实事，但怎么也不能转化为自然科学的实验方法。在孔子那里，对自然界的认识只停留在博物的阶段，多见多阙，多识于草木鸟兽之名。孔子赞成博学，但强调要有一以贯之的精神来统帅约束它，这就是道。重道义是为了解决社会问题,调节社会关系,维护社会稳定,所以孔子的"近取譬"无论从方法还是从目的论来说,都是伦理的而非自然科学的,不重视自然科学的研究与发现,不考虑人类征服自然与社会,只是强调对社会和自然的协调与顺从,这是孔子的主要思想缺陷。这是我们应当扬弃的。

原载《岳阳大学学报》1990年第3期

清后期江南地区杰出的教育事业家

——两江总督陶澍

清王朝入主中原,经历了乾嘉承平,盛极而转衰,道咸之世如强弩之末,大不如前。政治日趋腐败,一方面闭关锁国,夜郎自大,不思进取,另一方面,鸦片输入,白银外流,国力削弱。竟有江河日下之势。吏治腐败,"督抚藩臬各上司不能正己,则不肖之州县,既有所挟持以无恐,而循良之州县,又有所牵掣而不能前"[①]。吏治积弊愈深。统治阶级中有识之士,深感士风不淳,朝廷得人之难。一时间,以仪征阮元为代表的一批正直的封疆大吏,以一方连帅之尊,力行教育事业,以作育人才为己任,思得贤材为君用,以期挽颓风于万一,因而涌现出一批很有实绩的教育事业家,安化陶澍就是其中之佼佼者。

陶澍(1779—1839),湖南安化人,字子霖,号云汀,幼敏颖好学,负经世志。嘉庆七年中进士,时年27岁。历官翰林编修、御史、道员。道光元年任安徽布政使,旋擢皖抚。五年调江苏巡抚,十年擢两江总督。十九年病卒于官。居官政绩彪炳,有"干国良臣"之美誉。宦海生涯四十载,他勤于政事,劳心瘁力,然汲汲无一

---

① 〔清〕陶澍:《陶文毅公全集》卷五《陈奏州县积弊折子》。按,《陶文毅公全集》六十四卷,道光庚子年(1840)许乔林编。本文引文均取自该集,仅出卷数篇名,不缀页码。

日不以教民养士、作育人才为己任。他认为吏治不正,实在是官吏不得其人所起,而当今地方州县,"实际之人而才犹超出者颇少",要除此弊,"必须得人而理"①,"盖治民莫亲于县令,而察吏莫亲于郡守,督抚司道总其而已。故守令得人,天下可得而治也"②。得人虽凭简拔有方,但人才却须培养,"致治必资懋学"③,国家若要兴旺发达,教育必须重视。因此,"余自翰林出官蜀晋,宦辙所至,虽未敢遽谓能化民成俗,而于劝学造士之道,每竞竞籍为先务"。④ 这些自述,真实地反映了他一生励行教育的态度和责任感;他的脚踏实地的治教精神,坚持不懈的毅力,以及富实的教育事业成就,使他成了清代后期突出的地方教育事业家。"为国家倍养江南元气几二十年"⑤,对江南地区教育事业的发展作出了杰出的贡献。

一、资助兴办书院 改革书院教育

书院教育,始于宋代。宋代的书院,绝大多数是民办的。这些书院延聘名师硕儒主讲,教学方式活泼自由,生气勃勃。元明以降,书院逐渐官学化。受科举制度和理学教条的控制影响,一变而以教习场屋制艺为主,空谈性理,迂阔空疏,大多毫无生气,有的膏火不继,至于房屋倾颓。到清中叶,这种现象更加严重,"今直省州

---

① 〔清〕陶澍:《陶文毅公全集》卷四《抵苏后陈奏地方情形折子》。
② 〔清〕陶澍:《陶文毅公全集》卷四十二《聂蓉峰箴吏篇四十首跋》。
③ 〔清〕陶澍:《陶文毅公全集》卷十九《请祀明儒高攀龙折子》。
④ 〔清〕陶澍:《陶文毅公全集》卷三十三《重修金沙书院记》。
⑤ 〔清〕李恒:《国朝耆献类征初编》卷二百零一《陶澍家传》。

县莫不有书院,率多虚设,未能有实济"①。除个别例外,从整体上看,书院僵化弊锢,已是"日渐废弛"②了。

书院凋敝,人才不继,陶澍有着深切的危机感。"书院之设,所以辅翼学校,兴育贤材者也"③,"书院之废兴,人才之聚散因之,即一方之风化系焉"④。所以要淳化民风,搞好政治,不能"虚设"甚或没有书院这样的教育机构。陶澍深深感到一个守土重臣的使命与职责。他在向朝廷奏上的奏折里说:"书院为教育人才之地,全在地方官随时整顿。"⑤作为一个方面的地方官的首脑,对此,他正是身体力行的。

陶澍为官近四十年,前二十年主要做京官。他担任地方官从嘉庆二十四年开始,最初在四川、山西任道员、布政使等职,时间很短。这段时间内,他试图整顿山西晋阳书院的学风,作《晋阳书院告示》,以自己的切身体会告诫诸生"耐苦以坚志,究心以精所学"。时间太短,没有什么效果。

从道光元年到道光十九年病逝,整整十九年他都在安徽、江苏担任地方行政、军事首脑,这期间他为江南地区的教育事业做了许多实实在在的工作。

道光元年(1821),陶澍由福建按察使(未到任)升任安徽布政使。一到皖省,便了解民情"透澈无遗"⑥,发现"省城书院日渐废

---

① 〔清〕陶澍:《陶文毅公全集》卷三十三《暨阳书院增制沙田记》。
② 〔清〕陶澍:《陶文毅公全集》卷四十一《与董小槎太史书》。
③ 〔清〕陶澍:《陶文毅公全集》卷五十《苏州紫阳正谊两书院告示》。
④ 〔清〕陶澍:《陶文毅公全集》卷三十三《重修金沙书院记》。
⑤ 〔清〕陶澍:《陶文毅公全集》卷二十一《高淳县捐建书院折子》。
⑥ 〔清〕陶澍:《陶文毅公全集》卷四十一《覆贺耦耕太史书》。

弛，不得不加整理"①。"废弛"的原因主要是经费不足。这所书院名叫敬敷书院，雍正时有学田35顷60亩，加上当时社会各界捐廉银两，雍乾时膏火尚可应付。至道光时，已捉襟见肘，经费来源枯竭，入不敷出。陶澍得知，即明令"饬属捐赀以充膏火"②。自己在省带头捐款，得银二千两。次年，会同桐城县所集资银，购置桐城县新生洲田产，作为敬敷书院和桐城县书院的膏火田。每年可收租银一千六百两，各书院均得八百两，基本解决了两地书院的经费。此举影响很大，带起了本省官吏办书院的热情。安徽省书院建设蓬勃兴起。从道光元年到道光五年，陶澍在皖省的五年间，新建书院四所，即：培英书院（元年建），衡山书院（四年建），奎文书院（四年建），聚奎书院（五年建）。重修书院两所，即：曲阳书院（三年），柳湖书院（元年）。流风所化，书院修建迄道光一代不衰。据不完全统计，安徽省于道光间修建书院有21所之多，形成了雍正、乾隆以来的又一个兴学高潮。

道光五年（1825），陶澍调任江苏巡抚，主办海运。公务倥偬，仍不忘书院建设。"乙酉夏自皖江移节苏闽，即饬各守，令经理书院以广我国家作育人才之化"③。在江苏巡抚及后来的两江总督任上，他经理书院，主要做了以下几件事。

1. 亲自捐建书院

陶澍生性豁达，对孔方兄并无嗜癖，早年曾作楹联"爱半文不值半文，莫道人无知者"以喻志。前在安徽时，带头捐银充书院膏火。到江苏后，又三次捐款创建书院。第一次是道光八年（1828）

---

① 〔清〕陶澍：《陶文毅公全集》卷四十一《与董小槎太史书》。
② 同上。
③ 〔清〕陶澍：《陶文毅公全集》卷三十三《重修金沙书院记》。

捐建嘉定县震川书院。这次捐款由陶澍首倡,有属员与乡绅参与。第二次在道光十七年(1837),陶澍重建了海州敦善书院,认捐票盐一千引,作为膏火之资。第三次是道光十八年(1838),他以一人之力创建惜阴书舍于江宁,捐银一万两为基金,发典生息,作永久膏火。凡办学捐款,他是毫不吝惜的。此外,据载,他还捐田产给家乡的崇文书院作膏火田,还捐义学田、考试田等,"以津逮穷乡之士"①。作为高官而不贪厚禄,出资兴学不遗余力。这种舍己办学的事业心和责任感,堪称后人表率。

2. 督导属员修建书院

陶澍不但明文饬令属下经理书院,而且亲自检查督导,落到实处。如陶澍的门生金坛县教喻戴开文因俸满保荐来见。陶与之谈话中,得知金坛县之金沙书院岁久倾圮,"士子几无肄业之地",很是忧虑,当面谕告开文说:"读圣贤书,凡职所当为,务尽心力。况教官,职司训课,董率士绅。虽金沙旧无监院,而修废举坠,不得诿为异人任也。"语意谆谆,责免有加。戴开文立即回县与县令毛德辉及乡绅共议,捐资重修。第二年,"斋堂焕然一新,墙垣益坚以固矣"②。江阴县暨阴书院,道光三年江苏学政湘潭周系英曾捐资重修,又拟购沙田三千亩以充膏火,未竟而卒。道光五年陶澍抚苏,屡谕署令王沄,县丞姚以勉继周氏之遗志,竟成其事,后来沙田购进,陶澍欣然为之作记。上好之,下效之,上责之,下行之。由于陶澍切实督查,下属各员都留意书院,有的有所作为。如江宁布政使贺长龄于道光十二年(1832)增修钟山书院东西学舍五十门,并且

---

① 〔清〕陶澍:《陶文毅公全集》卷末魏源《陶文毅公行状》。
② 〔清〕陶澍:《陶文毅公全集》卷三十三《重修金沙书院记》。

立学规，考肩课，以"读有用之书"劝勉诸生。江宁知府俞德渊见凤池书院地方狭隘，捐金购孙五亩园改建，并督查诸生童肄业，每逢课期则谆谆训励①。他们办实事，作风一如陶澍，可见当时江南地方官热心书院建设，这是与陶澍督导分不开的。

3. 提倡实学，纠正书院学风

陶澍修建书院，资助膏火，更重视书院的教学。他忙里偷闲，"得时以退之暇，进诸生观其角艺"②。亲自检查学生的学业品行，历数年如一日。他通过长期的考察与思索，认为目前书院教学中存在着严重的弊端，这是由于"八比取士之法"渗入书院教学，才使得"虽魁才硕学，不能不降而就律令"，"标行卷，博虚誉"③。读书的人目的不纯，教者也虚与应付，"其号为老师宿学者，亦不过掊撦训诂，泛滥词章，以为弋钓科名之具"④。教学双方都以猎取功名为目的，学问岂能不空疏？"敝俗相寻，正学日晦，一倡百和，靡然成风，于是甫学咿唔，便规进取，经史古文，束之高阁，腐烂时艺，传为鸿秘，根柢既薄，转眼就荒，理之不明，文于何有？"⑤他指出这种"舍本务末"的学风是成就不了人才的，"每见时士，及询以四书五经，往往不知所出"。可见其学问之疏陋。不独如此，还有"甚至钻营结纳作蔽行私，干公事而贼乡里，为士类所不齿者"⑥。书院如果培养出这样的人，于国于民遗患无穷。可见时艺之文与性理之

---

① 〔清〕莫祥芝、甘绍盘：《上元江宁两县志》卷八。
② 〔清〕陶澍：《陶文毅公全集》卷三十七《钟山书院课艺序》。
③ 同上。
④ 〔清〕陶澍：《陶文毅公全集》卷三十六《课蒙孝友序》。
⑤ 〔清〕陶澍：《陶文毅公全集》卷五十《山西晋阳书院告示》。
⑥ 〔清〕陶澍：《陶文毅公全集》卷五十《苏州紫阳正谊两书院告示》。

学必须摒弃。陶澍以为欲除此弊，必须提倡实学，通经致用。他上承颜李学派和乾嘉朴学的优良传统，提出了尊经与务实的教学主张。他认为理学奉为经典的四子之书是经过宋儒改造了的，充其量只是圣贤经学的流，六经才是学问的根源。他说："不贯通乎《易》《诗》《书》《春秋》，而能阐四子，吾不信也，能代四子立言，吾尤不信也。……有得于经，则根柢实遂，言中体要，……无得于经，虽猎取浮解，譬彼行潦之水，朝深者夕涸耳。"①又说："经术明则人才蔚起，其深者渐摩浸润，密移于性命之际，发为文词必充实光辉，粹然一衷于道。由是建之设施，则通经致用。"②通经是为了致用。所以一切学问都要实在，他把学与行结合起来，认为"有实学斯有实行，斯有实用"③。言下之意，不能实行实用的学问不叫学问。为了开书院教学求真学问的风气，他赞赏并推广钟山书院院长胡培翚以经学课士的做法，并为书院诸生的课艺订立新的学则：其一曰"为学必先立志"，告诫学子刻苦读书，穷通自持。其二曰"为学必先植品"，反对学以谋禄，实际上是反对教习时艺。其三曰"为文宜先宗经"，主张学习六艺正艺，排斥性理之学。其四曰"读书宜亲友"④，提倡自由讨论，以友辅仁。四条中牵涉到教学目的、教学内容和教学方法等根本性的问题，其核心是以经学教育反对理学教育，以实学教育反对时艺教育。为了更好地贯穿他的办学宗旨，他于道光十八年(1838)仿照阮元诂经精舍、学海堂制度，创办惜阴

---

① 〔清〕陶澍：《陶文毅公全集》卷三十七《尊经书院课艺序》。
② 〔清〕陶澍：《陶文毅公全集》卷三十五《庚午科四川乡试录序》。
③ 〔清〕陶澍：《陶文毅公全集》卷三十七《钟山书院课艺序》。
④ 〔清〕陶澍：《陶文毅公全集》卷五十《苏州紫阳正谊两书院告示》。

书舍,作为试验;并亲自制定了《惜阴书舍章程》,规定书舍的宗旨,是"研究经史为致用之具",在教学内容、教学方法和管理上都进行了改革。教学内容上,书舍不设时艺之业,分经、史、词章三科。在课程设置上旗帜鲜明地摒弃了理学与时艺的内容。教学方法上,书舍教学以自学为主,每月一课,课余皆领卷回家各自就题研究,五日交卷。交卷后定期齐集扃试以验诺修。课卷之后,山长择文理较优者送督署鉴定,可为程式者,刊刻流布,以彰古学。这种教学方法活泼自由,充分调动了教学双方的主动性,恢复了宋代书院教学的生气。书舍对生徒要求很严,不设学额膏火,以考试成绩定奖学之资。每月一次考试,分超等、特等两等。超等第一名奖银四两,二、三名三两,四至十名各二两,十名外一两。特等皆五钱。书舍提倡诸生学有专长,但又鼓励广博,因材施教。"诸生如果积修深至,资力愈恒,或能兼通经史,并擅翰藻,以做全卷,悉与别列优等,以旌异材,花红书籍优奖较常加倍。"[①]惜阴书舍以新的学风引人瞩目,俞正燮、胡培翚、冯桂芬等名儒硕学纷纷前来讲学,培养了不少人才。书舍的教学定则,一直延续到清末,"于月之二十三日课以诗赋、经文,不用时艺,略本陶公之意也",影响是深远的。[②]

二、敦善劝学　扶掖后人

陶澍以一介寒士,荣膺大任;以经国之才沐恩荷宠。这一切的

---

① 转引自陈海波:《陶澍建设书院事迹考》,《书院研究》,长沙:湖南大学出版社,1988年,第192页。
② 〔清〕莫祥芝、甘绍盘:《上元江宁两县志》卷八。

获得，他自以为皆源于幼志苦读、砥砺学业，用他自己的话说："向之耐苦于学者，今益不敢不廉于守；向之究心于学者，今益不敢不勤于职，结习未忘，初心肯负？"①他认为人并不是天生的有上下贵贱之分，"当童蒙时，天真未凿"②，打个比方说，"情性本如禾，蕴真精而独美"③。美恶乃是包蕴着的潜因素，浑沌未开之时，童蒙天真，彼此一样。人之所以有善恶智愚，全在后天劝诱。欲人向善，就必须教以正道，"树谷本如树人，百获之经营有在"④。要有收获，就得播种经营，就得"修礼""陈义""讲学""本仁"⑤。仁义礼学，都是圣人遗教的范本，乃是人生第一必读之书。所以，陶澍时刻不忘督促诸生苦读经书，学经世致用之术。这包括两层意思：一是要读经书，学实学；二是要潜心钻研，刻苦学习。他说："士为秀才时，则子弟之职也，及其入官，则父兄之事也。为子弟时，目不睹诗书之教，耳不闻孝悌之言。……一旦责以成人之事，谓可以为父为兄而长养子弟也？势必不能。"⑥不读经书的后果是"无才可去补苍天"，那么为什么一定非刻苦读书不可呢？他说："今日之士子，即异日之官吏，当其为士，尚不能耐苦，又安望身处脂膏，能廉于守？当其为士，尚不肯究心，又安望躬膺繁剧，能勤于职？不廉不勤，则吏治坏而害归民。然则学术之得失所系重矣。"⑦原来刻苦读书不仅仅使学问精进，还使品行道德得到磨炼，有益立事处

---

① 〔清〕陶澍：《陶文毅公全集》卷五十《山西晋阳书院告示》。
② 〔清〕陶澍：《陶文毅公全集》卷三十六《阴骘文引序》。
③ 〔清〕陶澍：《陶文毅公全集》卷五十二《人情以为田赋》。
④ 同上。
⑤ 同上。
⑥ 〔清〕陶澍：《陶文毅公全集》卷三十九《送顾南雅督学云南序》。
⑦ 〔清〕陶澍：《陶文毅公全集》卷五十《山西晋阳书院告示》。

世，无怪乎他要对后生辈叨叨不休了。许多人得到他的劝励，获益匪浅。如湘阴李星沅，早年入幕陶澍幕府，任书记。李少负文才，"每日授大略，援笔万言"。陶澍很高兴，但又劝勉他说："子，经世之才也。但当多读书耳。"李星沅激奋自力，刻苦攻读。道光十二年中进士，成为道咸时名臣。他始终感谢陶澍的教诲，"执弟子礼终其身"①。又陶澍的好友周石芳有子名克生，曾因事开罪，后遇恩复。正当举家欢庆之时，陶澍致书恳切直言："叨在至戚，深为克生喜，自不得不为克生惧也。"因为克生"于读书一事，悠悠忽忽，毫不介意，大有倚恃名父，坐享富贵之意"②。并指出只有读书精进，才是唯一安身立命之法。言下之意，克生应当痛改前非，刻苦读书了。其真情实意，发自肺腑。他对他的门生故吏，督责也是很严的。金坛县教谕戴开文、嘉定县县令淡星亭都是他川中乡试时的门生，现为属员，鞍前马后时承教喻，治学为政都有成绩。比方说，淡星亭邑宰期满升调之时，嘉定父老恋恋不舍，购贤母图赠之。陶澍得知盛为赞赏，对他说："君能得此于嘉人，则君之实有造于嘉人，嘉人实有不忘于君，君之贤，果信也。"③像这样时时以学问精进督导后进来学，不愧为青年学子的良师益友。

三、注重社会教育　致力化民成俗

古人解释"教"为"上所施，下所效也"④。在儒家先贤看来，教

---

① 〔清〕徐珂：《清稗类钞·师友类》，北京：中华书局，1986年，第3588页。
② 〔清〕陶澍：《陶文毅公全集》卷四十一《与周石芳先生书》。
③ 〔清〕陶澍：《陶文毅公全集》卷四十二《贤母图跋》。
④ 〔汉〕许慎：《说文解字·攴部》。

育不仅仅是传播知识、培养人才的手段,更是改变社会风俗的重要途径。《学记》有句名言"君子如欲化民成俗,其必由学乎?",这个"学"包括办学造士,也包括训育百姓,淳化民风。这就是今天所说的社会教育。受儒家传统熏陶的陶澍,对儒家的全民政治伦理教育思想是心领神会的。从他所说"宦辙所至,虽未敢遽谓能化民成俗,而于劝学造士之道,每兢兢籍为先务"的话来看,他把"化民成俗"作为办学的最高目标。办学以造士,造士以化民。因为"士为四民之首,士习之淳漓,民风视为升降,故欲化民必先训士"①。办院、造士、化民,构成了他的教育三部曲。书院不仅仅是造士的场所,同时也成为他的社会教育的阵地。"余维书院之设,非徒以为名而已,在乎守土者时与邑人相见,劝之以孝悌忠信,迪之以礼乐诗书,经明行修,日新月盛,比户有弦歌之美,青衿无佻达之讥。斯风化成而治绩茂焉。"②所以他一方面督促书院培养优良士风,来影响民风,一方面又重视书院的社会活动,如祀先贤,旌表节烈,讲会等。通过这些活动,"与邑人相见",加以劝迪。道光八年,嘉定震川书院建成。当时陶澍正忙于修浚吴淞水利,百忙之中拨冗迂道前往,亲行释奠礼,表彰建院有功人员,劝谕诸生人众谨学从善。八年后,道光十六年,陶澍为检阅营伍路过嘉定,再到震川书院为一宿之憩,"而嘉定父老,香花夹道,扶携就迓,熙熙然如旅行而晤家人,忘乎其为长官也"。感动得他"为之留连不忍别去,叹此邦风俗之淳厚,亦由贤士大夫有以助流政教而美其化也"③。在他看

---

① 〔清〕陶澍:《陶文毅公全集》卷五十《山西晋阳书院告示》。
② 〔清〕陶澍:《陶文毅公全集》卷三十三《重修金沙书院记》。
③ 〔清〕陶澍:《陶文毅公全集》卷三十七《西溪草庐诗序》。

来,老百姓只有这样温文尔雅,知书达礼,才算是民风淳厚,才算达到书院教育的最高目的。面向社会办学,这是他的可贵之处。

陶澍的可贵之处,不仅在借办学以教民,更在于他懂得养民与教民同等重要。他深知"仓廪实而知礼节,衣食足而知荣辱"的道理,因而教不忘养。在民生困苦时,慷慨解囊,魏源说他"无时不以济人利物为志"①,并非虚美之词。陶澍捐建悦生堂、育婴堂等义举很多。这些义举虽然有益民生,但究竟是善后救助,"发然后禁,则扞格而不胜"②。作为地方父母官,更重要的是防患于未然。所以他在安徽、江苏都大力提倡地方上储粮备荒,建立义仓,名之曰丰备仓,储粮多至万石。又率领民众兴修水利,消灭洪患,"八载以来,全活生灵百万"③。正像后人所评,对百姓是"尽心教养"④。孔子提出"富之""教之",孟子反对只养不教,而陶澍则把养民与教民看得同等重要。他说"教民无异于养民",为政者要"事先正德","政在养民",然后才能天下大治,"洵比户之可封"⑤。在这里,养之中蕴含了教意。养的教化作用,在人生之初更为突出。婴幼儿时期的养育实际就是一种教育。在这一点上,与许多鄙视幼教、专爱做大学问的文人官僚不同,陶澍很重视蒙养。他以为从童稚时便以正路养之,"蒙养正则善人多,斯亦化民成俗之一助也"⑥。他反对一开始就读古书的蒙学,认为这样使小孩子泯灭童心,"始而抱大人之器,继而失赤

---

① 〔清〕陶澍:《陶文毅公全集》卷末魏源《陶文毅公行状》。
② 《礼记·学记》。
③ 〔清〕陶澍:《陶文毅公全集》卷末陈銮《请淮北建立专祠并祀名宦折子》。
④ 〔清〕李桓:《国朝耆献类征初编》卷二百零一《陶澍家传》。
⑤ 〔清〕陶澍:《陶文毅公全集》卷五十二《人情以为田赋》。
⑥ 〔清〕陶澍:《陶文毅公全集》卷三十六《课蒙孝友序》。

子之心"①，不利于儿童心理健康发展。所以他赞成编写通俗易懂能"口诵躬行"的幼儿教材，"孩提知爱，少长知敬"，循序渐进地教导，"以感发其良知、良能，使涣然有所持循以驯致于义精仁熟之域"②。因而不避浅陋之讥，亲自为多种幼教教材写序，探讨蒙养之方。尽管他的幼教内容离不了封建孝悌仁义那一套，但是，把蒙养提到化民成俗的高度，根据幼儿的特点，养教结合，循序渐进的思想是可取的。

四、余　　论

纵观陶澍的宦海生涯，他在地方官任上的二十年是为地方教育事业的发展作出了杰出的贡献的。他有远见，懂得教育的重要；又能够办实事，扎扎实实地去干，而后者更为重要。作为高级官员，封疆大吏，动动嘴巴是很容易的，"君子动口不动手"也无可厚非，如果能动动手，做个样子，恐怕就算不错了。要尽心尽力地去干，并且硬干出成效来，恐怕没有卓识远见和刻骨铭心的事业心是办不到的。陶澍不但动了口，还认真地动了手，并且始终如一。他整顿学风，提倡实学，敦善劝学，淳化民风，书院一所又一所地修建，官俸一次又一次地捐献；明知是赔本的买卖反而乐此不疲，直到生命的最后一息。这就不能不说他独具异彩，不能不承认他人格的高尚了。他是当之无愧的"培养江南元气"的地方教育事业家。

原载《江苏社会科学（教育科学版）》2005年第1期

---

① 〔清〕陶澍：《陶文毅公全集》卷三十六《课蒙孝友序》。
② 同上。

扬民族之精神　振大汉之天声
——"史记研究"课程教学体会

"史记研究"是我们于近年内申请开出的一门人文教育试验课程。开设本课出于两个考虑。其一是适合高校教学改革的需要。课程改革是高教教学改革的重要一环，根据素质教育的要求，有必要全面提高受教育者的人文科学素质。这是因为在改革开放的不断深入的今天，经济的发展、社会的进步，对人才素质的结构提出了新的要求。所以在现今大学教学中，人才的全面发展越来越受到关注，素质教育越来越受到重视。素质教育包含了丰富的内容，人文教育是其中不可或缺的一个组成部分。其二是振兴民族精神的需要。中国五千年不间断文明史，如长江、黄河滔滔不绝，孕育并滋养了伟大的华夏文明。自强不息、厚德载物、坚韧不拔，使中华民族屹立于世界民族之林而生生不息。民族精神是伟大凝聚力，是战胜一切艰难险阻的精神力量，是我们宝贵的精神财富，是我们复兴民族的力量源泉。在振兴民族精神、复兴伟大民族的时代，了解民族精神的内涵，尤其显得必要。被鲁迅誉为"史家之绝唱，无韵之《离骚》"的《史记》，就是一本充满民族精髓的巨著，完全可以作为研读对象，通过它来了解民族精神的内蕴。它是当之无愧的学习优秀传统文化的教材。

今本《史记》一百三十篇,并附有刘宋裴骃,唐司马贞、张守节三家注,中华书局标点本十大册,内容浩繁。教学时数有限,不可能也没必要一篇篇地串讲。教学中自然不能采用传统的"读经"方法,课程必须是讲读练三者结合。课堂教学应当主要解决两个问题:一是通过授课让学生全面把握《史记》线索脉络;二是使学生在全面把握的基础上能主动有效地自学,阅读原典,达到自己的理解,从而完全掌握《史记》的内容与精神。为了达到这个效果,我们在课程设计与讲授时注意了下面三个方面。

一、准确生动讲解　　调动学习兴趣

怎样才能做到让学生从整体上来把握原著,从而了解其概貌,顺利地进入自学。我们分析了学习《史记》的困难,比方说语言隔阂、时代隔膜等等。但这些都不是主要的,孔子说过:"知之者不如好之者,好之者不如乐之者。"可见,对任何一门课程的学习,有无学习动力很大程度取决于是否具有学习兴趣。所以要把调动学生的学习兴趣摆在第一位。在备课与授课中,我们在三个方面下功夫提高学生的学习兴趣。

1. 深入浅出的讲解,让学生听懂并深入理解原著

当然,能否听懂是所有的课程都要解决的一个教学基础问题。但对于《史记》这样的经典史籍,由于古汉语的障碍,让学生学懂原书内容,首要就是要过语言文字关。"读书难字过",这无疑是困扰经典文言文阅读的千年难题,而且随着时代的推移,困难还会越来越大。那么这里所说的听懂,就有其特殊性了。我们认为讲解文

言文,不讲解古汉语是不可想象的,但要把握好一个度,否则就成了一门古汉语或古代文选课程了。这个度就是主要串讲文意,解析精神,通文字以考据为基础,简明解析词语,避开繁琐引证,点到为止,把重心放在史事与文化传统的讲解上,放在文意贯通上。讲解具体篇章时,做到像王念孙说的:"揆之本文而协,验之他卷而通。"如《太史公自序》有句:"余死,汝必为太史。为太史,毋忘吾所欲论著矣。"这是司马迁的父亲临死时交代写作《史记》遗命时说的一句话,其中"必"字是关键,但它是常用词,《史记》三家注均不注。今人编的诸多读本也大都不注。《广韵》"必,审也,然也"。《玉篇》"必,极也,果也,然也,敕也,专也"。"极也"一训来自《说文》"分极也"。段玉裁云:"凡高处谓之极,立表为分判之准,故云分极。引申为词之必然。"段氏的意思,"必"是由"高"义引申为"极端","极端"引申为"必然",用现代话说就是"一定"。原句"汝必为太史"是否可讲成"你一定做太史"? 这样讲总觉得不透,因为做不做太史不由司马迁决定。也就是说,"必为太史"有主观愿望与客观现实两个方面,句子中司马谈说的只是主观愿望一面,他无法确定客观事实是否如意,所以,这里实际是隐含了一个意思,就是"争取"。"汝必为太史"的真实含义是"你一定(要争取)做太史",只有做了太史才具备完成我的写《史记》未竟之业的客观条件。写《史记》是司马谈的毕生愿望,他甚至对司马迁说,你如果完不成这个遗愿就不算孝子。从史实来看,司马迁在父死之后三年才接任太史一职,此之前充当武帝的随侍(郎),可见太史一职并不一定是非要父子相继。可以想象这三年司马迁是何等地努力工作,以期得到武帝的嘉许,方才如愿以偿成了太史。这样讲解于训诂可以证成,于文义可以贯通,于情理可以切合,对于了解司马迁父子的毕生愿望,理解他为什么能忍辱负重写《史记》,都很有帮助。学生听后反映认识深了一层。

2. 涵泳体察,融会贯通,扩大信息量

信息量是以新的信息多少作为度量的,新的信息多,信息量大,往往可以产生一种积极效应,使学生感到内容充实新鲜,课堂收获大,值得一听。这样就能极大地调动学生的学习兴趣。具体做法有两点:一是仔细体会原文,以历史主义观点去体味作品,领会其内涵。用宋代教育家朱熹的话来说就是虚心涵泳,"读书须当涵泳,只要仔细看玩寻绎","书不难读,只要人紧贴就圣人言语上平心看他,文义自见"(《朱子语类》卷一百二十一)。二是旁征史料,以史为纲,以点带线,贯通全面,将一篇篇相对独立的历史传、志贯通为一部时代连贯、因果相关的历史画卷。

如讲司马迁的家世,《太史公自序》中仅寥寥数语:"昔在颛顼,命南正重以司天,北正黎以司地。唐虞之际,绍重黎之后,使复典之,至于夏商,故重黎氏世序天地。其在周,程伯休甫其后也。当周宣王时,失其守而为司马氏。……在秦者名错,与张仪争论,于是惠王使错将伐蜀,遂拔,因而守之。"其中出现若干个知识点:(1)传说的远古祖先重黎;(2)上古得姓始祖程伯;(3)进入陕西的先祖司马错等等。但所涉及的问题却非常复杂,有传说的上古史,也有见于记载但语焉不详的早期史,还有可以从其他史书上考知的史料。我们参考《尚书》《诗经》《左传》《国语》《战国策》以及《史记》本书的材料,以史为线将它串通起来。先说清楚重黎,上溯传说中的五帝,因为传说中的重黎源出黄帝。《五帝本纪》和《尚书·尧典》是主要的史料依据。但太史公云:"学者多称五帝尚矣,然《尚书》独载尧以来,而百家言黄帝其文不雅驯。"所以我们在传说的框架下讲解,不作信史。再说程伯,程伯见于《诗经》,在周宣王时代。司马错则是司马迁这一支可考的直系祖先,《战国策》有司马错论伐蜀,他是华夏族开发四川的先驱者。从司马错到司马迁世数历历可考。到此还只是说明了司马迁自述世系的来龙去脉,显然这个世系一部分是传说,一部分是信史。问题是司马迁明知"百家言黄帝其文不雅驯",为什么还要把自己的远祖挂在上面呢?联系《史记》对帝系及各王侯世系的源流叙述,一眼就可看出,原来所有的五帝三王十二诸侯直至楚王汉帝全都同源异流。《史记》中除了传说中的炎帝出于少典氏,与黄帝为兄弟关系外,其余帝王诸侯莫不出自黄帝一系,都是黄帝的子孙后裔。这就是我们今天中华民族的共同称呼——炎黄子孙的最早的观念形态。出于这种观念,把自己的远祖说成是黄帝的后代不就很正常了吗?这里面有一个强烈的民族心理认同感,这是我们民族几千年来历经沧桑受尽磨难,仍能坚强地延续、稳定地发展的精神动力之源。

3. 以古为鉴,古为今用,发掘现实意义

我们认为讲古不能泥古,必须立足于现实生活,要紧密结合现实生活,让学生认识到《史记》不是两千年前的老古董,和我们今天毫不相关,而恰恰相反,它仍是我们现实生活中的良师益友,我们可以从中汲取巨大的精神营养,以指导我们的现实生活。如《史记》记载的明君贤臣、忠臣义士、硕学大师、志士仁人,往往都反映一种人生观,从中可看出我们祖先的某种价值取向,其中有许多在现实生活中仍有实际意义。如汉高祖的胸怀大志,从谏如流,谦恭下士；董仲舒三年不窥园，精于学术；文翁成都兴学，行教化民，史称良吏；兒宽为人佣作，"行常带经"好学不倦；鲁仲连义不帝秦，蹈海酬志；屈原忠君爱国，怀沙沉渊；蔺相如克己团结；直不疑宽厚待人；扁鹊医术精益求精……等等，人品学品、道德文章都足为后世法。

又如，《史记》时常流露出鄙薄利欲的思想，如：《孟子荀卿列传》卷首写道："太史公曰：余读孟子书，至梁惠王问何以利吾国，未尝不废书用叹也。曰利诚乱之始也。"货殖得利乃天下人之同欲，天经地义的事，为何要受鄙视？《货殖列传》中历述富商大贾，如卓王孙、程郑、巴蜀寡妇等，津津乐道，可知司马迁本意并不反对货殖谋利。原来这种鄙薄利欲的思想是有所指的，太史公讲得明白，梁惠王开口即言利，则此诚为"乱之始也"。纯粹的商人可以一开口就讲利，当国王的就不能这样。这种思想起于原始儒家，如孟子就说"王何必言利……交征利而国危矣"。汉代儒士更进一步，他们将"不言利"的内涵确定为所有当官行政之人不能言利，亦即曰不与民争利，如董仲舒说："受禄之家，食禄而已，不与民争业，然后利可均布，而民可家足。此上天之理，而亦太古之道，天子之所宜法以为制，大夫之所当循以为行也。"（《汉书·董仲舒传》）所以当政者就要"正其义不谋其利，明其道不计其功"。这里面包含了建立廉洁政府，行政部门不能经商从事实业的思想。从社会发展史来看，官商勾结是不利于社会进步和经济发展的。所以，《史记》告诉我们的鄙薄利欲不是不追求利润，而是让生产经营者在一个公平的环境里从事正常的活动。这种思想在今天仍有很大的社会现实意义。《史记》中可以借鉴的思想观念很多，以上所说仅其中之一。就是说,现代人读《史记》对现实生活仍有很强的借鉴和指导意义。

二、理清全书线索　指导学生自学

太史公书一百三十篇,五十二万六千五百余字,编为本纪、世家、列传、书、表五类,初看篇篇相对独立,类之间亦缺乏统纪,实则连缀紧密,篇类之间内在相关,构成有机整体。如果只讲篇目,显然只见树木不见森林,是不完整的。学习《史记》更要整体把握,怎么做到有效地整体把握,理清其内在关系至关重要。我们认为要把握住两条线索。

其一是历史发展线索。

《史记》写了从五帝到西汉武帝时代三千年历史。太史公虽然没有像现代历史学家那样区分历史时代,但从设立篇目、编排次序以及行文中,三千年历史是有断代的,简而言之,史公对三千年史的断代,大别为二,即古代、现代,细分为四,即上古、近古、近代、现代。具体说,古代约两千九百年,其中上古指黄帝到西周末,近古指春秋战国。现代约一百年,其中近代约十余年,时间为战国末到楚汉之争结束汉朝立国之初的一段时间,现代约九十年,即文景武三朝。史公的设立篇目、行文方式以及编排顺序都体现出这个分段。姑以本纪十二篇为例,《太史公自序》云:"罔罗天下放失旧闻,王迹所兴,原始察终,见盛观衰,论考之行事,略推三代,录秦汉,上记轩辕,下至于兹,著十二本纪。""略推三代,录秦汉"一语就暗示两个历史阶段:古代(三代)只能略推其世次,具体说就是五帝与夏商周秦五篇本纪,行文上以源流世系为主,故为"略推"。近代就可以"录",录应当是实录之意。行文上,秦始皇、项羽、刘邦、吕后四纪是述近代史,记述历史事件,不计世系。文、景、武三帝纪是述现代史,以编年为主(然景武二纪已佚,今本是后人所补,故有所出入)。世家、列传等编排与行文都可以找到这种断代痕迹。

其二是篇章结构内在联系。

本纪、世家、列传写人的活动,其间以历史事件为主,表编年,书述礼乐典章。互相配合,纵横交错,相辅相成。如表与本纪,《太史公自序》云:"既科条之矣。并时异世,年差不明,作十表。"司马贞《索隐》:"并时则年历差殊,亦略言,难以明辩,故作表也。"表跟纪传之间的配合是很清楚的。纪传是文字描述,对其历史年代,以及同时代或不同时代等不易一目了然,列表就能一目了然了。又如"书",《史记》的"八书"述典章文物,述制度之演变损益,亦补纪传之缺者。

史的线索和结构线索从纵横两方面把握全书脉络,把一百三十篇连贯而成有机整体。我们以此指导学生配合课堂讲授进行自学阅读,让学生逐渐胸中有全局,无零散凑杂之感,在阅读中就能做到联系观察,整体把握。

三、分析传统文化　诠解民族精神

《史记》是特定历史时代的产物,代表了时代的精神。这个时代正当中国社会转型的历史关头,结束分裂后的强大帝国,思想、政治高度统一,经济繁荣,百业兴旺,文化发达,人才辈出,政府鼓励冒尖,"博开艺能之路,悉延百端之学,通一伎之士咸得自效,绝伦超奇者为右,无所阿私"(《龟策列传》),使得当时的汉王朝生气勃勃,充满了积极向上的精神。仁人志士无不具有一种叫人热血沸腾的时代使命感、责任感,人人自谋有所作为,个个设计建功立业,开疆拓土,气吞环宇。《史记》以一百三十篇写下三千年历史沧桑,正是这种磅礴大气的具体宣泄,也是作为一个史官的历史使命的体现。通过《史记》,我们可以看到,在上下三千年纵横几万里的巨大历史舞台上,展演出各种历史人物的叱咤喑呜,驰骋奔突,风云际会,慷慨悲歌。各种思想的碰撞、搏斗以至于交融,时时闪动着耀眼的火花,终于百川归海,融汇成博大精深的中华传统文化,组建起民族精神的骨架。《史记》是一个特殊时代的产物,但它的丰富精神内涵是超时代的。

三千年思想的浓缩,《史记》中无处不闪耀着先哲的思想智慧,从字里行间,我们深切感到,这里跳动着三千年华夏儿女的思想脉搏。从中我们可以鲜明地看到如下几点:

1. 炎黄子孙同根共源的民族观

正如前文所说,帝王将相,平民百姓,在《史记》里面都可追根至黄帝。与《左传》相比,被贬称为"子"的南蛮东夷"吴、越、楚"等都已经被认为分别源出于周祖古公、夏先大禹、黄帝之孙高阳,因而归根于黄帝一系,成为华夏大家庭中的一员。甚至"匈奴,其先祖夏后氏之苗裔也"(《匈奴列传》)。在司马迁心目中恐怕只有君长以什佰数散而乱杂的西南民才是"巴蜀西南外蛮夷也"(《西南夷列传》)。《史记》中汉与蛮夷相对而言,既是朝名国名,又是民族自称。"大汉"含有贬夷的成分,但更多的是泱泱大国的自豪与自信,因而逐渐演变成为华夏民族人民的共同称谓。在当今时代,民族精神尤为重要,我们要保持民族自信,反对妄自尊大,同时反对妄自菲薄,广泛学习吸取别民族的优点,与一切平等待我之民族和平共处,共谋发展。

2. 天下一家的大一统论

既然同根共源,就是天下一家。司马迁继承了董仲舒公羊学大一统的思想,极力维护国家统一,反对分裂与背叛。仅以分类编排为例,"世家"类所记的是诸王以及建大功业的侯,但谋反的诸王没一个列入世家,如魏王魏豹、梁王彭越入列传第三十,九江王英布排列传第三十一,韩王信、燕王卢绾排列传第三十二,楚王韩信排列传第三十三,此为异姓王。同姓王吴王刘濞,两代淮南王刘长、刘安,衡山王等同姓王都是造反之臣,这些王的地位可以列入世家,《史记》没有把他们列入世家,全入于列传,贬谪反臣之意非常明显。在《魏豹彭越列传第三十》末尾,太史公曰:"魏豹、彭越虽故贱,然已席卷千里,南面称孤,喋血乘胜,日有闻矣。怀叛逆之意,及败不死而虏囚,身被刑戮,何哉!中材以上且羞其行,况王者乎?"明确地表示了对叛臣贼子的鞭挞。维护祖国统一,至今仍然是爱国主义的重要内涵。

3. 以仁义为基础的德政教论

天下一家,则须有个家长。家长怎么当?这问题,汉代的儒学从天与人的角度作了论证。"天"的方面是天人感应的君权神授观,今天看来,这有一定的糟粕。所谓"人"的方面,就是德治思想。司马迁继承了德治思想,在《史记》中表现出强烈的以德治国的政治思想。《天官书》云:"凡天变,过度乃占,国君强大,有德者昌","太上修德,其次修政,其次修教,其次修禳"。《周本纪》记述周先公起家兴国,聚焦于一个"德"字,历述公刘、古公、文王之德。如公刘"周道之兴自此始,故诗人歌乐思其德",其后八世有古公,"古公亶父复修后稷、公刘之业,积德行义,国人皆戴之"。古公不忍百姓受累而迁都至岐更是德举,百姓扶老携幼,归之如水之就下,"民皆歌乐之,颂其德"。到古公之孙文王,"遵后稷、公刘之业,则古公、公季之法,笃仁,敬老,慈少。礼下贤者,日中不暇食以待士,士以此多归之"。这个后稷、公刘之业就是以德绥民。周族兴于公刘,王业起于古公,到武王时终于灭掉失德已久的殷纣王而有天下。德字是一条红线,贯穿其中。在任何一篇本纪或世家都可以见到德教与德政对朝代兴盛延续的描述,"为政以德"是《史记》政治思想核心。

4. 奋发向上建功立业的人生观

这种人生观的社会基础前文已述及。司马迁之父就是一个及时建功立业的执着代表。身为太史,他以写史为己任,天不假年,壮志难酬,临终之际,他嘱托儿子:"孔子修旧起废,论《诗》《书》,作《春秋》,则学者至今则之。自获麟以来四百有余岁,而诸侯相兼,史记放绝。今汉兴,海内一统,明主贤君忠臣死义之士,余为太史而弗记载,废天下之史文,余其惧焉,汝其念哉!"言辞恳切,感人泣下。司马迁经过努力继任太史之后,"䌷石室金匮之书",广搜前史佚闻,在42岁之年开始写《史记》,历经磨难,遭受宫刑奇耻大辱,坚忍不拔,历十余载,终于写成这部伟大的著作,在有生之年成就伟业。伟大的时代产生伟大的人物,我们把司马迁与汉武帝作了一个比较,司马迁与汉武帝年代相当,武帝比马迁大十多岁,享年70,司马迁57或58,可说是不同始而同终。两人都是中国历史上的伟人,各自在自己的领域成就千古伟业,创造了永久的辉煌。打一个不大恰当的比喻,汉武帝是政治军事领域的司马迁,司马迁是文学史学领域的汉武帝,一样彪炳千古。

作为当代青年,处在社会大变革、大进步的时代,我们肩上的历史使命更加伟大,"汨余若将不及兮,恐年岁之不吾与",正像《史记》告诉我们的,人生如白驹过隙,应当奋发进取,到祖国需要的地方去,建立我们自己的事业,方可不负于我们伟大的时代。

当然,《史记》还是一部优秀的文学著作,几乎每篇人物传记都是一部优秀纪实文学,语言生动,形象鲜明,贯注着作者的爱憎,洋溢着作者的激情,感人至深,具有强大的艺术魅力。这也是我们在讲解具体篇章时要作渲染的。

在教学中我们充分体会到优秀民族文化的巨大魅力。中华民族五千年文明,民族文化博大精深,经历近现代与西方文明的碰撞并没有消亡,反而在吸收外来文明的同时得到长足的发展。一个民族之所以能自立,主要就是拥有自己的民族精神和传统优秀文化。一个人有一个人的自我,一个民族有一个民族的自我,在世界飞速发展,各种思潮如潮涌来之时,我们不能丧失了自我。从全人类角度看,越是民族的就越是全人类的,这一点越来越成为人们的共识。传统文化的魅力还表现在,它在本质上仍与现代精神相通,从我们的教学中可以看见,青年学生是很喜欢这一类课程的。他们选课积极,听课认真,完成课堂任务,主动阅读原著,积极参与教学活动,撰写学习体会与研究文章,取得了很好的教学效果。因此,我们建议,今后适当增加人文科学的专题或专著研读课,配合高校课程教学改革,最大限度地提高我们受教育者的人文素质。

原载《南京大学学报·高等教育科学研究专辑》,2023年第2、3期合刊

新颖·系统·实用

——评《新编古代汉语》

在大学中文系科各专业课中,古汉语课的难学难教恐怕是众所公认的。困难吓不倒中国奋发有为的教师,他们花费很大精力去研究教材如何编写,并试图编制适用、有效益的教材,从50年代至今,经四十年的实践,他们不断总结经验,古汉语教材编写日趋完善。最近,汤可敬先生主持编写了《新编古代汉语》(以下简称《新编》),在古汉语教材编写领域里,又作出了新的贡献。该书已由北京出版社出版发行。

这本书立足于教学实践,吸收各家长处,另辟蹊径,新颖别致,有强烈的改革精神和创新意识。它的出版,无疑将对古汉语的教学科研工作产生有益的推动作用。

一、编写程序和课程结构方面的改革精神

编写程序包括选与编两个方面,也就是采什么入编,形成怎样的条理顺序等,过去的各家教材,在这方面各有千秋。

古汉语的内容,通常包括文字学、音韵学、训诂学和语法学、词汇学、修辞学,有人还认为应该包括文献理论(目录、版本、校勘等

等)和文化常识。内容这样丰富,而时间又受到限制,所以,各家教材的选择都不一样。有的重语法、词汇,有的重传统小学,有的重常用词与古代文化常识,各呈异彩。

本书编者总结了以往的经验,认为要使"初学的人学会排除阅读古籍时的拦路虎",文字、音韵、词汇、语法四个方面的知识与技能都是必须了解掌握的,只是在内容上要有所侧重,要有主次之分。何为主何为次呢?编者比较了上述四科对掌握古代汉语、提高阅读能力的不同作用,认为"音韵固然重要,但对古汉语初学者来说,只须具备一些基本知识就可以了"。而词汇在理论上并无新异之处,与现代汉语词汇学比较,往往只是一个个词例不同;而古词语的讲解又离不开文字的形音义,所以词汇的内容可以与文字结合起来。至于语法,编者说:"古汉语有其特殊的语法规律,虽然不如词汇系统那么复杂,但如果不逐一掌握,在阅读古文时,不只是不能逐字落实,有时甚至连文意也会领略不清。"可见,四者之中语法、文字相对重要。因此,本书的编写原则是"突出语法,压缩词汇,加强文字,略讲音韵"。体现在内容篇幅上,就是全书30课,语法占16课,词汇5课,文字6课,音韵3课。

四个内容的编排顺序,也与传统编法不同,传统安排一般是文字、音韵、训诂、语法,编者认为"古代汉语的文字和音韵难度较大",不适宜于一开始就讲,如果反过来,先讲语法,就会顺理成章,其理由是"高中以上或相当于高中以上文化程度的读者,一般都具备现代汉语语法知识",由今以溯古,学习起来较为容易。对于阅读理解来说,掌握语法又是关键,所以,颠倒传统的小学程序,不仅是可行的,也是必要的。因此,本书内容安排,"不是按照常规由文字、音韵,讲到词汇、语法,而是从实际出发,由语法、词汇讲到文字、音韵"。

　　课程结构,一般是指教材的每个课程单元的知识组合形式。古汉语是理论与训练结合的课,两方面必须兼顾。本书编者分析了迄今为止的古汉语教材,认为所有的课程结构可以归纳为四种类型:① 只讲通论型,② 文选、通论、练习三结合型,③ 文选、通论、常用词三结合型,④ 文选、通论相结合型。第一型理论性太强,第三、四两型往往通论只介绍一些基本知识,不够系统,加之缺乏练习,不利于自学与巩固。第二种有理论,有材料,有练习,是较好的形式,但在文选、通论与练习三者的结合程度上也不够理想,有的通论偏重语法、词汇,体系亦欠完备。"《新编古代汉语》坚持文选课、通论课、练习课紧密结合,在紧密二字上做功夫。"(《前言》)怎么个紧密法呢? 一篇课文,核心是通论,围绕着通论中心,选文选,编练习。文选提供通论所需要的文献素材,通论再集中提到理论高度论说,作规律性的说明,把练习由附录升格为课,在训练本课新知的同时增加阅读理解的内容,从感性的材料积累上升到理性的规律说明,然后再诉诸实践,通过练习来巩固所学知识、掌握并熟悉技能。这种方式确实做到文选、通论、练习的紧密结合。从文选而通论而练习的过程,同时也就是从感性到理性再到实践的过程,这是符合循序渐进的教学原则,也符合人的认识发展规律的。在已见的众多教材中,同时采取这种编排程序和课程结构的还不曾见过。

二、理论知识介绍的系统意识

　　古代汉语是现代汉语的源头，古今相通之处尚多，很容易出现下面所说的现象。一是对古今相通之处全都略过，只介绍特殊现象，割裂了古代汉语的理论体系；一是过分强调古汉语本身系统完整，从头至尾细细道来，与现代汉语重复内容很多，繁琐累赘。为解决好这个问题，《新编》作了不少努力。编者用对比来冲淡重复，在古今对照中系统而扼要地介绍了古汉语的整个体系，同时又穷尽地挑出古有今无及古今差异很大的部分作详细阐述，把重点阐述置于理论体系的统率之下。可以看出，编者有着始终一贯的系统意识。在做法上一般的理论条例，编者大量采用了表解形式。有总表、分表；总表列大类和小类，列出总纲然后按小类列分表，排出每小类的细目和实例，在表中列出"古""今"两栏，与现代汉语相应条目对照，现代汉语中没有的条例项目，列为特殊用法，另作详细讨论。这样，使人对古今异同一目了然，避免了重复累赘，显示出了古汉语理论的内在逻辑结构和层次关系。

　　以副词的用法表解为例，其大类、小类见第一课虚词总表，本表首栏并列六大虚词类，第三栏接着列出各大类的下属小类，副词下属共九小类：① 时间副词、② 程度副词、③ 范围副词、④ 频度副词、⑤ 情态副词、⑥ 否定副词、⑦ 语气副词、⑧ 谦敬副词、⑨ 指代性副词。列出了副词的总纲之后，然后在第六课《文言虚词称说表解》中详细与现代汉语比照列释，列出 7 个副词小类表，每表列出小类下属细目，每细目几乎穷尽地列出词例，共有 40

细目,220词例,其中细目最多的小类是时间副词,共15目,如表过去,表曾经,表刚才,表正在,表未来,表终结,表历来,表短暂,表迅急,表突然,表即刻,表承接,表暂且,表徐缓,表经常。条分缕析,细致入微,这表列的七小类是可与现代汉语相比较的条目。副词九小类中谦敬副词、指代性副词两条是现代汉语里没有的,属古汉语特有现象,故不入这种比照表,放在第七课《用法特殊的虚词》里详细讲解,由于是详细讲解,所以不采用表解形式,但类目也很清晰:

谦敬副词 { 表敬:请、幸、谨、敬、敢、辱、惠
表谦:窃、伏、忝、猥

指代性副词 { 表第一人称:相、见
表第二、三人称:相

讲述指代性副词"相"时,连带讲它"互相、递相、共相"的表范围的用法,纵向阐明"相"字的意义系统,又横向建立起有关小类的意义联系。各个小类,细目不论是先讲还是后讲,分散讲还是聚拢讲,都在系统中有属于自己的合适位置,纲和目之间,就像长藤结瓜,顺藤可以摸瓜,摸瓜可以溯藤,细大不捐而重点突出,详略得当又统属分明。

本书的系统意识还表现在观察一些具体语言现象上。如文字学中,历来都有形声字多形多声说,《新编》认为形声字多形符多声符是不合逻辑的,倘若真有多形符字,那么该字的意义类属就难以确定,倘若具有多声符字,那么该字的音读就叫人无所适从,就容易产生交际混乱。古代小学家提出多形多声说,大概是对文字演变的

历史层积的误解。如"寶"字,在甲文中是个会意字,从宀、从贝、从玉,在金文中加缶作声符,先有"寶",后有"寶",本来是一形一声,并非三形一声。就像"網"字,最初是"网"象形;加声符"亡",变成形声字"罔",后来又加形符"系",变成"網",我们不能因此而说它从系从网,亡声,因为它是由于文字发展的某一时期,或声符表音难辨,或义符表义不显豁,加上显豁的声符或义符而逐渐层积而成的。又如介词"于"有十几个义项,看起来杂乱无章,繁琐难记。《新编》抓住它的基本意义,沿着它的引申轨迹,理出了头绪,指出它由实到虚发展的六个阶段,一条演变线索贯串这十几个义项,一目了然。

这些例子可以看出,《新编》的体系是重联系,重理性分析的。

三、文选与练习的创新精神

古代汉语课是知识理论课,同时也是工具课、技能课,必然要有大量的训练。为此,许多教材都编有文选和练习。

文选和练习都是提供训练素材的,其区别在于文选是课前的感知素材,练习用于课后巩固新知。作为古代语言课,没有活的言语依据,它的训练素材唯一可选的就是古代文献。这些文献材料若细加区分,还可分为两类:一是语文材料,二是理论材料。前者指古诗词散文等,是古代语言的书面形式,可以称为语言素材;后者指古人研究小学的论述文章,反映了传统学术的理论成就,可以称为理论素材。以往教材一般只选用语言素材,忽视了理论素材。其实作为古文,理论素材仍然具有古代语言的各种特点,而作为小学论文,它又是传统语言理论成果的载体,与古代文学佳作名篇比较,所缺乏的只是文学性而已,论述精辟、说理透彻却有过之。如果是训练语言技能,感知和巩固语言学知识,那么,它们比较语言素材,也许更有实用价值,因为它们除了语言形式可资运用外,其内容也往往是古汉语某些理论部分的源头。《新编》编者有见于此,才在文选和练习中选入了为数不少的理论素材文章,尤以文字、音韵篇为多。如第二十三课介绍《说文解字》,选文选七则,其中三则选自《说文·序》,四则选自段氏注。练习十则,有八则选自段氏注,一则出自章太炎《国故论衡》,一则出自《后汉书》。计音韵篇中入选的理论素材有《切韵·序》,陈澧《切韵考·序》《条例》,钱大昕《古无轻唇音说》《古无舌上音说》,顾炎武《音学五书》,陈第《毛诗古音考·序》,《颜氏家训·音辞篇》,章太炎《娘日二纽归泥说》等,另还收有现代学者周祖谟的音韵学论文,古代音韵学重要文献几乎都有涉及。有了这么多理论文献,学习者在阅读和练习中,从它们的语言形式上熟悉了古代汉语的语言规则,又从它们的内容上了解了古人研究的成果。与通论所讨论的问题达到了从内容到形式的印证和吻合。探本而索源,温故而知新,不但强化了新知,增进理解和记忆,而且激起学习者探求原委、研究问题的强烈兴趣,提高学习效益。

为了确保文选、练习与通论"紧密"结合,编者对入选的文章进行了精心的选择与编排。从分布上看,语法、词汇篇偏重语言素材,文字、音韵篇以理论素材居多。不论哪种材料,编排都有一个中心内容,这个中心就是通论讨论的核心问题。如语法篇第二课通论讨论词类活用,选文中都有突出的词类活用实例,用法典型,出现频率高。文选部分十则短文,前六则是各类名词活用为动词的例子,第七、十两例是形容词活用作动词;第八是数词;第九是代词活用为动词。练习选文七则,在每则的活用词例下打点,要求说明其用法。例如第三则练习方位名词的活用,其中"北"字出现五次,有四次是活用,"南"字出现两次,有一次是动化,编者要求将所有"北""南"的用法都加以说明,这种练习就不仅仅是判断然否,而且还含有辨析异同的意味了。为了进一步训练学者的直接阅读能力,在练习题目的题型方式上,也与常见的不同,不是采取以句为单位的句词练习,而是一律采取语段单位练习。语段单位保留了题目难点的上下文线索,给学生提供了语境信息。训练学生利用上下文来理解文意,解决疑难,这实际上是一种模拟的古文阅读。为了使模拟更加接近实际,获得更好的练习效益,所有的练习语段都不给断句标点,只给题目难点以外的个别古词语作出简注。学生要做出题目,必须正确读断白文,理解文意,而读通理解的障碍主要就是题目难点,这又可以直接运用本课通论讲解的法则加以解决,由练习中心联系通论内容,解决了题目难点,就能读通语段,理解文意;理解文意后又加深了对练习所训练的疑难问题的理解。通论和练习相互发明,语段和题目相得益彰,三者紧密结合,训练巩固的目的就更容易达到了。

文选、练习与通论紧密结合并从入选内容到形式都相应进行重大调整与改革,这反映了《新编》重视阅读技能培养,加强实际操作,以学带练,以练促学的创新精神。

四、其他几个特点

1. 趣味性。这主要体现在文选、练习的选择上。入选的理论素材可以激发学习兴趣,说已见前。入选的语言素材亦奏同效,它们都是名篇佳作,大多是其中之精彩段落,短小精悍,生动有趣,读者可以从中领略到古人的风采,感受民族的睿智与幽默。读起来饶有兴味。

2. 实用性。《新编》虚词和句式作接近穷尽的归纳说明,对文字的214个检字部首,引述《说文》逐一讲解,这些材料都可作工具书使用。通论在系统阐说知识理论外,还花一定的篇幅指导学者运用的方法,告诉学者怎样判断某一规则的语言现象,分析它的含义,辨析异同。帮助学者理解通论内容,区别疑似,在实际阅读中正确运用。这都可以看出本书注重实用的特点。

3. 有利自学。《新编》介绍理论知识注重系统、全面,理论讲解注重原理,概念都给予定义,规则条例都有详细例证与解说,文选都有扼要的注释和流畅的译文,这一切都极有利于自学。如果练习再编一套参考答案,则可以成为一套较完备的自学教材。

综上述,本书从编写原则到课程结构都进行了大胆改革,在编例上进行新的尝试;介绍古汉语理论,重点突出又照顾到系统,并且能反映研究的新成果;文选、通论、练习的三位一体的课程结构,有许多创新之处;本书由易而难,循序渐进,注重实际运用,突出了对学生实际阅读能力的培养;很有实用价值。尽管某些细节还有可商之处,有些说法也只是一家之见,但从整体上说,本书确实是一套新颖、系统、实用的好教材。

原载《益阳师专学报》1991年第1期

一本精于辨审的同义词典

——评《简明古汉语同义词词典》

提起词典的词语解释,从《尔雅》到《现代汉语词典》都不外是同义相释,即给被解释词赋予一个语义等值或近似等值的表达式。正如20世纪50年代美国人蒯因说的,辞典编纂家总是以自己特有的方式"把同义词与同义词联系起来"。但尽管实际上做着联系同义表达式的工作,可从没有哪一本辞典宣称自己是同义词典。因为同义辞典,要解释的对象是成组的同义词,仅仅说明本组中各词相同是不能令人满意的,在已经知道甲乙同义的前提下,更要了解的是两者相同的程度,完全相同呢,还是某些方面有所不同。只有知道了其不同,才能更好地掌握其同。所以与普通词典只要说明甲乙同义大不相同,作为一本同义词典,关键要说的反而是作为同义词的甲乙之间有什么不同,就是说要辨析同义词。这就是尽管我们有了《尔雅》《广雅》等类聚同义的词典却并不把它看作同义词典的原因。作为一本名副其实的同义词词典,段德森先生新著《简明古汉语同义词词典》(山西教育出版社,1992年,以下简称《简典》)在辨析同义词方面给了我们许多有益的启示。这部词典收古汉语同义词组一千余条,按音序排列。每组收两个以上同义词,最多一组收六词。其释义,首行先指明词性,然后简述其同,接着从不同角度仔细辨析其区别。从一个个辨析同义词的实例中，我们看到作者辨析的范围广泛，广征博引，立说稳密；角度适宜，方法多样灵活。本书尽管不是理论专著，事实上却有一个辨析同义词的方法理论系统隐寓其中，我们把它归纳成如下五个方面。

一、语法意义辨析

除了专讲虚词这种语法词类的词书，汉语一般词书都不涉及语法意义，一个简单的证明就是几乎所有词典都不给被解释的词注明词性，比较西方，词书每词必注诸如〔n〕〔v〕〔u〕〔c〕等等符号，就可看出汉语词典对语法义之忽视。《简典》把语法义摆在释义的首要地位，不仅给每对同义词注上了词性，而且还把语法意义作为辨析同义词的重要依据。具体表现在：

1. 词性。《简典》强调实词的语法类属，概念义相同相近语法归属不同者被认作不同义。如高与尚，高是形容词，尚通常作动词，不看作一组同义词。相似的例子有：信（名词）不同于笃（形容词），饿（动词）不同于馑（动词），窃（动词）不同于贼（名词），迩（形容词）不同于比、邻（动词）等等。在这里，语法同类与否是同义词能否成立的基本条件之一。所以，一组同义词当各自引申为词性不同的词时，它们之间就不同义了。如动词"编、纂"（页49）是一组同义词，但"编"又可作名词，表示编辑成书的一部分或书本身，而"纂"不能作名词，这就是它们的不同。"端、直"（页197）两词作形容词时同义，但"直"又作动词，表示"使……端正"的意思，"端"没有这个语法义，所以又不同。

2. 用法。词的语法使用主要指词在语法结构中与别的成分建立联系的方式与取向,就是说它可与什么成分组合,怎样组合,组合后形成什么样的关系。

《简典》根据某些词在使用中有独特语义或语法习惯上的选择取向,来推知它们各自的差异。用这个方法,《简典》辨析了一些不易辨析的同义词。如:"残、酷、忍"(页74)都是形容词,语感上很难辨析。《简典》列出了三者不同的组合词组:残凶、残虐、残横／酷烈、酷恶／忍毒、忍暴、忍苛。从而判断,"残"侧重表行为,"酷"侧重表手段、本性,"忍"侧重表心地。其根据就是来自与"残"搭配的"凶、横"等为行为动词;与"酷"搭配的"烈、恶"等为表性状的形容词;与"忍"搭配的"毒、苛"等为形容心地的词。

《简典》还大量地从词的语法组合及在结构中起什么语法作用上来辨析同义词。比方说,根据组合关系,指出"兵、戎"(页58)两词中,"兵"可与数量词组合,"戎"却不能。根据词的特殊用法,指出动词"耻、辱"(页116)后面都可带宾语,但"耻"带宾语为意动用法,"辱"带宾语为使动用法。

这一切反映了《简典》非常重视语法意义的辨析。

二、对象涵义辨析

这可从三方面来说明。

1. 内含义素辨析。语义学认为一个词的基本意义(概念义)可以分解为若干个语义特征,每个特征都是一个义素,义项就是义素的组合,不同义项有着不同的义素组合,所以词义可以通过义素组合的形式来描写。义素组合完全相同的词是等义词,义素组合大部分相同的是近义词。同义词中等义词是很少的,大量存在的近义词既然义素结构有部分不同,就完全可以通过描述其不同来区别。《简典》在对同义词词汇意义的辨析时就遵循了这一原则。

如:名词"诚、信"都表真心诚意。但"诚多指内心,信多指言语。"(页111)。这个描述实际上指出两词的义素结构有不同,如果改写成义素组合形式,则为:诚〔＋内心的＋真心待人±言语的〕/信〔＋言语的＋真心待人±人心的〕。

《简典》对词汇意义的辨析除了着重于基本义这个核心外,还注意词外围的附加义,诸如程度、色彩、风格、抽象、具体等的辨析。

2. 外延范围辨析。"语意范围"是《简典》辨析同义词时经常提到的术语,有时指逻辑外延,有时指词描述对象的差异。

如名词"币、贽"(页42)都表示礼物,但语意范围不同,"币,祭祀或赠送宾客的礼物;贽,初次进见尊长所持的礼物。币语意范围广,贽语意范围窄"。这里的语意范围指外延。这是名词,有所指对象。如果是动、形等描写对象的词,其语意范围就不是概念的外延了。如动词"产、生"(页86)都表示"出生"义,但"产,语意范围广,可指人的出生和物的出生;生,语意范围窄,仅指人的出生"。可见动、形等词的语意范围是指其陈述对象的习惯规范,为什么《左传》"屈产之乘"不说"屈生之乘",纯粹是古人用语习惯。

3. 所指对象辨析。对于各有所指的事物名词同义词,《简典》充分注意了辨析各自所指对象的差异。如"城、郭"表城市,但"城是内城,郭指外城",特指是不同的。如果要用来泛指城市,则"城"可单用,"郭"则必须与"城"字连用或对举(页109)。所指不同,但可有条件地通用。也有可以无条件通用的。如"茶、茗",《简典》说"分别来讲,早采的为茶,晚采的为茗,笼统地说,都可以泛指茶叶、用茶叶做成的饮料"(页81)。这种细致区别所指与所用的方法,与传统训诂"对则异、散则通"的做法是一脉相承的。

三、反对参照辨析

反对指反义词和对举词。《简典》为了把同义词置于语词系统的大范围、根据同义词之间与外界的不同联系来进行辨析,特地引入了相关的反义词或对举词作为辨析的参照系。从意义关系上说,一组同义词除了其内部构成同义关系外,外部又有各自不同的反义词或对举词与之构成反义或对举关系,也就是说,同义词内部存在的不同点往往从与外界不同的词构成反义对举关系上显示出来。分析这些关系极有利辨明一些不易辨析的同义词的细微差别。

如形容词"安、定",《说文》"安,定也",《尔雅》"定,安也",互训同义。《简典》则根据"安、定"具有各自不同的反义词,指出"安与危相对,侧重于安全,不危险;定与乱或动相对,侧重于稳定,不动乱"。再考以文献材料,《韩非子·难一》云:"战而胜,则国安而身定。""国安"指国家安全,排除了危机;"身定"指国君地位稳定,消除了不稳定因素(页3)。可见辨析是符合文献理解的。

四、语义源流辨析

字有本义、引申义,字词的音与义密切相关,往往几字同义,有的本义相同或同源同义,有的本不相同引申同义,有的本来同义引申又不同义,有的本不同义引申同义后又作同步引申。所以,一组同义词,从它的源流考察,既能有效地辨析其异同,又可描写其语义变化。《简典》在进行这项工作时,是循着两个方向的:其一,纵向考源与引申;其二,横向系联同源词辨析。

1. 纵向考察。对每个同义词,《简典》都力求从训诂学角度先讲明其本义,再循着它们各自引申线索来考镜源流,辨析同异。

如动词"爱、惜",《简典》先引述《礼记》与《正韵》,说明"爱"本义是亲爱,"惜"本义是哀痛,本不同义,然后指出两词经历了两次引申都同义,第一次引申表"重视而不糟蹋"之意,第二次引申表"过分爱惜,即吝啬"(页1)。这可看作本不同义引申相同。又如形容词"枯、槁",《简典》引述《说文》《广韵》古注说明两词都表草木干枯,本义相同,只是语意轻重有别,然后指出两词又"引申表示一切事物的干枯"(页533)。这可看作同源同义的同步引申。

对于同义词中经常出现的非同步引申,《简典》特别注意考辨,并且常常指出这种引申的内因是同义词原本存有的"不同点"。

如动词"吹、嘘"是一对同源同义词,都表示"呼气",但"吹"表急促地呼,"嘘"则为慢呼,所以"吹引申表示风吹或吹奏乐器,嘘引申表示吐、叹息"。《简典》告诉我们之所以这样引申,是因为"沿着它们的不同点引申的结果"(页143)。又如都表示火大的形容词"炽、烈",《简典》分析说"炽指火旺盛,烈指火猛烈"。"炽烈沿着不同的侧重点引申,炽为旺盛,烈为猛烈,区别很大"(页117)。

2. 横向辨析。非同源的同义词经过辗转引申同义后,有的意义非常接近,很难直接辨析。《简典》就抓住它们词源不同的特点,通过系联各自的同源词来推求它们语义上的细微差别。

如动词"抱、拥",《说文》"拥,抱也"互训,在使用上两词完全可同义替代,那么它们究竟有无差别呢?《简典》认为"抱与保、孚、伏等同源含有怀藏的意思",是"中性词",而"拥与邕、臃、雍、壅等同源,含有聚会的意思,有亲昵色彩,褒义词"。再看下列例句:

鲍焦饰行非世,抱木而死。(《庄子·盗跖》)
昌尝燕时入奏事,高帝方拥戚姬。(《史记·张丞相列传》)

两个动词的动作性质与色彩差异不是很清楚了吗?

五、故训语例辨析

辨析古词语,以今人讲古,何如古人现身说法?所以《简典》大量征引故训与文献中的例句,前者看古人怎样解释,后者看古人怎样在交际中使用。然而《简典》还特别属意于另一种文献材料,它既反映了词语在交际中的使用情况,又对词语进行了解释,也就是陆宗达先生名之为"以正文形式出现的训诂"和"以训诂形式出现的正文"。在辨析同义词方面,这种正文式的训诂材料尤其可贵,它们往往反映了古人对某一问题深入考察后的精细理解,反映了古人思辨的思维特征,因而含有浓郁的文化含义,对深入理解同义词是很有好处的。

如:动词"谏、诤"都表规劝义,《正韵》"谏、诤,救正也",看作等义词。但《荀子·臣道》云:"伊尹、箕子可谓谏矣;比干、子胥可谓争(诤)矣。"谏、诤分用,意在其异。可见谏、诤二词是有区别的,究竟怎么区别呢?《简典》给我们引证了《说苑·臣术》一段文字:"有能尽言于君,用则留之,不用则去之谓之谏;用则可生,不用则死,谓之诤。"(页440)原来伊尹、箕子谏君不用则去,是普通的谏;比干、子胥则以死谏,故名诤。诤重于谏,是力争、强谏,所谓"武死战、文死谏",死谏方为诤。所以古人认为诤友、诤臣可贵。这样引证辨析从文化心理上解释了谏、诤的区别,比一般化泛泛而谈来得深刻得多。《简典》中这种引证很多,如"谄、谀"条引证《荀子》《庄子》(页87),"文、字"条引证《说文·序》(页874),"肖、像"条引证《周易》(页711),"刑罚"条引证《墨子》(页919)等等。

上面我们将散见于《简典》中的各种辨析同义词的方法,按其内在联系疏理出来,就可以看出《简典》以对同义词的辨析实际上已形成了一个多角度多层次的方法系统,具有很强的实用性,在词汇研究特别是同义词研究领域有很好的理论意义。

原载《古汉语研究》1991年第1期

中古汉语词汇研究的新拓展

——评《佛经释词》

古代汉语的研究通常是文言与古白话的研究。文言研究着力于上古的先秦两汉典范文言文,而古白话研究却致意于唐宋以降的俗文学及应用作品,这种通上古以解雅言,疏近古以推现代的传统,恰恰忽略了上古与近古承继交接的时代——中古,无形中造成了从上古到近古的研究断层。为了弥补这个缺陷,80 年代以来,学者主要以魏晋笔记、小说为材料,作了许多研究,取得了一批成果。① 而李维琦先生的新著《佛经释词》(岳麓书社 1993 年,以下简称《释词》),以其对中古 56 部佛经 280 万言材料中之 149 个词语的细致而全面归纳分析,为我们提供了一部具有断代史特征的贯穿中古的词汇学专著,在汉语史研究的薄弱环节——中古汉语研究领域的材料、方法及语义训释等方面都作出了新的拓展。

一、材料和方法

要研究一个时期的语言,就必须要有足够数量且能体现这个

---

① 如江蓝生《魏晋南北朝小说词语汇释》(1988)、蔡镜浩《魏晋南北朝词语例释》(1990)、张永言《世说新语词典》(1992)等。

时期特点的语言材料。处于由文言逐渐转变为古白话的历史过渡时期,囿于俗文学不屑于记,文人创作又仿古求雅,以至于这个时期留下来的中土文献中能够充分反映中古汉语特色的材料显得非常单薄。从已取得的研究成果看来,无非围绕着几部小说与笔记做文章。再加上乐府民歌,数量仍然有限。因此,材料问题非常突出,要深入研究,必须要开出新的材料资源。《释词》选中从后汉到隋代的56部汉译佛经,就是材料开源的有益尝试。首先,佛经材料数量不成问题。其次,佛经译者不论胡人还是汉人,都是精通当时汉语的,据载鸠摩罗什译经"手执胡本,口宣秦言(指十六国三秦时汉语口语),两释异音,交辨文旨"。所译经文"曲从方言而趣不乖本"。① 译经的目的当然是为了大家能读懂或听懂,"曲从方言"无疑含有尽量靠近当时语言实际的意思。加之《释词》所选56部经,"多半说的是佛及其弟子过去世和现在世的事迹,故事性较强,……使用词语与当时语言实际相合的几率要大一些"②。可见,经过审慎选择,除去"阐述佛教哲理的文字",汉译佛经是能够代表中古汉语特色的,在汉语史的研究中是有研究价值的。

的确,从《释词》的归纳描述中,随处可见佛经语词上承先秦,下启近代、现代的薪传。诸如率土、拥护、贸易、消息等词即直接来源于先秦。又有承先秦古义者,如哀,中古训"美好",佛经中指声音美好(见《释词》页244),其实来自先秦"哀,爱也"的古义(见《吕氏春秋·报更篇》)。钱锺书先生据此说"《关雎》,乐而不淫,哀而

---

① 见吕澂:《中国佛学源流略讲》,北京:中华书局,1979年,第89、93页。
② 见《佛经释词·前言》。

不伤"即为"乐而不过情,爱而不害礼"之意。① 如果钱说不错,那这就是"哀"字描述音乐声音最早的用法。

还有的词义,能反映从秦汉到唐宋演变的中间状态。如副词"颇",先秦主要表程度浅,作"略、少"讲,唐宋以降主要表程度深,作"甚、多"讲。那么它是怎么演变过来的呢?《释词》指出,"颇"在中古佛经中"当作一定程度讲,既不是讲少,也不是讲多"(页119),即表不多不少,恰恰补上了"颇"的从少到多演变的中间环节。

有的还可直接说明现代语词的来源。如现代汉语词:牛子(牛仔)、浪子、学子等里面的"子"字,表示某种身份或职业的人,比较特别。近古也有这种构词,如内子、门子、贼子、处子等。清人翟灏说"子"作语缀,"其来久矣",然而究竟起于何时?《释词》子字条(页91),备列这种用法如天子(天上的人)、牛子(牧牛人)、马子、羊子、象子(均同牛子)、园子(园丁)、医子(医生)等。证以后汉人王逸《云中君》"灵连蜷兮既留"注:"楚人名巫为灵子",战国称灵,后汉称灵子。可见"子"字作为表人的语缀正是出于中古之初。

佛经材料丰富浩繁,处理起来极为麻烦。《释词》在处理办法上采用了电脑系统处理材料,从而完全突破了熟读默识、卡片辅助的传统工作模式。同时也真正高效省时地做到了穷尽钩稽例句,使全面而不遗漏地分析词的义例有了切实的保障。

穷尽归纳、全面分析除了作出许多新的发现和发明外,还常发觉前修之未密而随处刊补。刊的例子如:"综练"一词,中国台湾

---

① 钱锺书:《管锥编·诗六·关雎》条,北京:中华书局,1986年,第65页。

《中文大辞典》释为"并合习练之",《释词》根据全面考察,认为"综"在中古义为"通晓","练"为"熟习","综练"即"熟习",如"综练三经,通达五典"(《生经》)中即是(页106)。此刊释义之误。

又如《庄子·盗跖》:"除病瘦,死丧,忧患,其中开口而笑者,一月之中不过四五日而已。"王念孙以为"瘦"不是病,病瘦不类,瘦当为瘐,字之误也。《释词》发现"病瘦"是佛经中常用词,表疾病义,指出"病瘦,就是疾病"(页160),王说实误。此刊校勘之误。

还有的是刊词源始出之误说。如有说第三人称代词"他"出于后汉者。《释词》考察中古佛经材料确凿能作为第三人称的"他",最早出于姚秦时《出曜经》,而此之前的例子要么就可以解作旁指代词,要么就是材料的年代不可靠。故而第三人称代词出于后汉是不可靠的(页215)。

补的例子有补其例与补其义两种。

补例是补出比已有说法更早的用例。如"追,随也"一义,通常以为最早出于《搜神记》。《释词》考出后汉《中本起经》即已出现。又张相引述白居易诗作为初见例的"触处"一词,学者多宗之,为一般辞书及解释所本,《释词》考出"触处"一词其实最早见于隋代《佛本行集经》。这些补例都将词的始见时代提前。

补义者既有补出词书失收义项,如"眷属"除家眷义外,还有"徒众"等义(页44);"对"除有匹配、核对诸义,还有"对头"义(页116),后者均为词书失收。又有补充说明词的准确含义和用法,如"何所"一语,一种说法说它是疑问代词"何"与所字词组构成的定中结构,即"何/所+动"式,那么应当理解为"什么是所⋯⋯的";另一说以为应理解为"所+动+何"格式,"何"作谓语。两说都有理由，但又关系到对这个词语的不同理解，由于缺乏语言内证，长期难以取舍。《释词》根据佛经中同时存在大量的"何＋所动"与"为何＋所动"两种同义格式，判断将"何所"理解为"所＋动＋何"格式比较符合实际一些（页150）。理由大概是，在"何所动"中，"何"相当于"为何"，具有谓词性质，不应当看作定语。《木兰诗》："问女何所思，问女何所忆。"根据这种理解，只能解释为"所思者何，所忆者何，其翻译正如中学教材的注脚：想的是什么"。

全面归纳还能保证对词的语义和功能全面描写，既列常例，又不漏特例。如"眷属"一词作"随从"讲仅一例，"拥护"一词作"簇拥"讲仅两例，而"彼"字相当于助词"之"，共有六例等等。这些准确而精详的材料，往往透露出某种词语演变的信息，对语言史的研究同样是珍贵的。

由使用新的工具，带来了对语言材料的新的处理与研究办法，从而在许多地方有新的发现、发明。《释词》为我们提供了运用现代化研究工具成功的范例。

二、训诂与语义

训诂上，凡词涉"非雅诂旧义所能赅"者，学者多排比语例，从辞气、文例、大意上揣摩推求词义。《释词》的训诂，同样是这样。不过，《释词》更进一步在词义训释中融入了语义、语法和语用三个平面，从而形成了对词语的全方位描述，不但在词义研究上多有创获，而且在训诂方法论上具有革新的意义。

在语义与语法方面，《释词》抓住词汇意义与语法意义互相依存、互相制约的特点,往往通过词的不同语法作用来推导词义,而在纷繁复杂的用法用义分析归纳中,词的语法特性往往是重要的立项标准。

如"分别"一词在佛经中作谓语时,陈述主语对某事物了解得分明,故其义当为"明了、了解";当它作状语用时,没有这种陈述功能,只是说明动作的情态是分明的,故其义为"分明地、清楚地",语法意义不同影响到词汇意义不同,所以《释词》分立两个义项。(页80)可见,词的概念义相近,而词性及语法功能不同,其词义就往往不同。如"寻"的一个基本义是"随",然而《释词》将它分立为三项:① 动词,随、随从;② 介词,随、沿;③ 副词,随即。

在语义与语用方面,《释词》注意到话题、交际双方、交际目的、指称对象、交际环境等因素对词义的特殊作用。如"衰"字,在"吾故驰隐,衰又逢焉"(《六度集经》)中作何讲,单凭词气、文例不易揣摩。《释词》根据经文了解到此话的话题是谈论"女色祸害"的,因而分析道:"这个人立志不近女色,……从家里逃出(即驰隐),……在旅馆里碰到一个象妻子的女人,和她同居了五年,这时突然省悟,说'衰又逢焉',衰又逢焉,就是又碰上了祸害。"(页211)故而"衰"释为"祸害"。

以某种特征立意的词语,当它分别陈述不同的对象时,它自己的所指也相应不同。如"恶露"一词,陈述天气时指寒露即严霜,陈述女人时指月经,陈述分娩时指产血与羊水,陈述一般人时指屎尿,陈述病体痈疽时则指溃液浓血。《释词》指出它的语用中的复杂性,但又概括性地将它定为两个义项:① 寒露,② 人体分泌的液体或排泄物等。(页225)其原因大致是佛经所指恶露可分为自然恶露与人体恶露两类,而恶露一词只含有"恶"(苦毒)与"露"(暴露)的内涵,并不局限于哪一种。之所以有许多不同的所指,只是用法的不同而已。从这里看出《释词》有意将词义与用法区别开来了。义项是概括的、稳定的、较抽象的,而用法是具体的、临时的、随语境改变而变化的。要之,用法是义项的语境实现,词义受语境的作用而带上一些具体的内涵,具有了诸如语彩、语气、修辞义等语境义。

所以,语境只能确立词的具体用法,不能作为确立义项的唯一根据。在这个问题上,先贤有时是处理不妥的。如《诗词曲语辞汇释》卷三"着"字条列出 22 个义项,无乃太繁乎？张相先生也感到"此义彼义,相通相近,推敲愈细,迷惘愈甚"①。毛病恐怕就在于太据语境上下文以求语义,有以转译替代义项之嫌。《释词》指出,"著"作动词用,表附著,"附著的一个根本属性,就是一物接于一物,物与物接,情形多种多样,用现代汉语转写,用的词会有几十个之多。"举出 37 个例子,如"令脚不著地",不著地即不落地,不等于著犹落也；"著此坐为？"著此即到此,来此,不等于著犹到也等等。无论怎样体会翻译,它们的义项只有一个,就是动词,表附著。

从这个思路进一步考察,我们就会看到《释词》对词义系统的结构层次的探讨。大致一个完备的词义结构具有三个层次：① 基本义,② 义项,③ 用法。基本义既是义项分立的根据,也是词义引申的源头。如"究竟"(页 27),《释词》说"它的基本意义是终极,别的意思都从这里引申出来"。其引申途径与义项分立情况为：

---

① 张相:《诗词曲语辞汇释·叙言》,北京：中华书局,1977 年,第 8 页。

① 行程的终极。② 由行程的终极引申为次第的终极，义为"最终，最后"。③ 又引申为程度的终极，义为"彻底"，形容词。④ 引申为动作的终极，动词，义为"彻底探究、彻底弄清"等，举出四种类型的例子。⑤ 引申为指终极的事物，即有"终极之处，终极真理，尽头"等义，名词。也有多种用法，并举例说明。《释词》的这些探索实践，无疑对进一步认识词义结构系统是富有理论的启迪的。

努力于词的系统掌握，使得《释词》词条立项突破了常见的以单词为界的局限。以一词为纲，从词的演进中不同的组合角度，动态地概述一个同义或近义词族。如"恼"字条（页129），先释"恼"字词义，接着指出"恼"字经常和一些别的表示心理活动的词连用，对其中需要解释的懊恼、忧恼、愤恼等十五组同义近义词作了训释。既鸟瞰了词的结构系统的发展流向，又通过对互有联系、相对独立的诸词的精确训释，横向比较了它们的相同与区别，实际上是辨析了同义词。这是一般古汉语词语工具书中少见的。

综上述，《佛经释词》尽管只释149词，21万字的篇幅，但由于在语言材料、操作工具和处理方法上进行了新的开掘与引进，在训诂方法上大胆革新，从而加深了对汉语词汇结构系统和词义系统的认识，在中古汉语词汇的研究中作出了富有启迪的发现与发明，不仅给研读中古汉语文献和佛经提供了一本有价值的工具书，同时在汉语史的研究上也是富有理论意义的。

原载《古汉语研究》1994年第1期

盛世修文的方言大典

汉语是世界上使用人口最多的语言之一，历史悠久，方言复杂。早在二千多年前，先秦文献中就有雅言、齐语、楚语、越语的记载。西汉扬雄（前53—18）撰《輶轩使者绝代语释别国方言》，这是最早的方言研究著作。此后直至20世纪初的二千年间，方言词汇收集与考校绵延不绝。20世纪以来，注重方言语音系统的田野调查逐渐展开，一批名作相继问世，如赵元任《现代吴语研究》（1928）、罗常培《厦门音系》（1931）、《临川音系》（1940）等，一直延续到60年代。

"文革"之后，科学复苏，方言学研究进入新的发展时期。在音系研究的同时加强了方言词汇的调查收集，单点的、分区的方言词典都渐见面世，编写涵盖全国的方言大典条件也渐趋成熟。因此，作为一项轴心工程，国家八五计划确立《现代汉语方言大词典》重点科研项目。从立项至今，全国方言学界老中青三代学者近百人，分两个阶段，历时十二年，终于先后编成迄今最全面反映现代汉语方言词汇现状的词典《现代汉语方言大词典》之分卷本和综合本。

李荣、熊正辉、张振兴先生主编的《现代汉语方言大词典》综合本（下面简称《大词典》），是在42种分卷本词典的基础上，综合而成的。综合主要是指打破地点区限，以词条为纲，按词条首字的笔划笔顺作统一的汇编,既方便检索,又便于观察比较,具有很高的学术价值和使用价值。该书可称许之处甚多,其荦荦大者有如下数端。

一、《大词典》是一个巨大的现代汉语方言语料库。她集中了全国10大方言的42个代表点的方言词汇,其收词之齐备,从扬雄以来,两千年间无此书。同时《大词典》还对音义的标注作了精心的安排,一律采用国际音标详注音值,用特定的符号标出同义词和方言音变,举证例句区别本义、引申义以及俗语、熟语、成语等,许多条目还附录相关文献及其他资料。《大词典》吸收了近几十年来的成功经验,采用方音音系与词条语音互见的办法来注音,注明变音变调,收录文读白读及方音异读,科学合理地解决了"注音"这一从扬雄时代就存在的方言词书编写难题。

二、《大词典》的学术价值尤体现在"记录当代这一历史时期的汉语方言的现状,为当代以及后代的语言工作者提供专题研究的依据"方面。任何科学研究都离不开事实的基础,科学的现代语言学自无例外。《大词典》具备系统而详备描写的语言事实,所收方言口语词汇之丰富自不必说,还提供42个方言点的音系和大量的方言例句,可资历史音韵和方言语法研究家的采择。并且,《大词典》在尽可能全面记录方言词语的同时,还对一些比较特殊的词语进行了考证与说明,均要言不烦,说明其来龙去脉,信而有征,准确精当,从而大大提高学术价值。可以毫不夸张地说,《大词典》记录的语料是现代语言学进行科学研究不可或缺的。

三、《大词典》在现代社会生活中具有很高的使用价值。可从两方面来谈。

1. 社会认识价值。这里的社会主要指世俗的平民的社会。打开《大词典》,扫描那一排排浸润着浓郁乡土气息的词语,举凡地方特色,风物人情,乃至于人民的喜怒哀乐,一笑一颦均历历如面,恰似现代社会的一幅生动的世俗生活的风情画卷。可以预见,若干年之后,现代社会许多事物改变或消失了,我们的后人仍可以凭借《大词典》来了解今天社会的众生相,这无异于是今人留给后人的一份珍贵遗产。

2. 文献解释价值。利用方言解释古代文献词语是语文学的传统,郭璞《尔雅注》、《颜氏家训》及汉以下各种经传注文中屡见不鲜。但前人没有进行过大规模的方言调查,往往是凭着自己的母语结合一些道听途说的语感来作方言证古,因此大都存在着两个局限,一是语料零碎,二是多少有点片面。而这部《大词典》近乎普查式的方言词语收录,提供了不同方言的代表点上的系统语料,必将有效地弥补这些缺陷,极大地有利于古代文献以及现代文学语词的解释。

《大词典》是方言学界十二年辛勤工作的结晶,是集大成,更是高一级研究的起点。学术无止境,知识贵创新,《大词典》对今后学科的进步、学术的发展意义巨大。它是进一步深入研究的基础。此书涵盖了42个代表方言点,堪称成就了一项时代的伟业。但中国有2500多个县,方言十分复杂,方言演变永无止境,今后要做的工作还很多很多。《大词典》成功的经验是方言学和有关学科的专家进一步研究的宝贵借鉴,学者可以吸收其长处,站在巨人的肩上去攀登新的高峰。

原载《方言》2003年第3期,与鲁国尧先生合作

摩崖群雕

——《现代汉语方言大词典》综合本

德国伟大的诗人歌德说过:"理论悉为灰色,生命之树长青。"确实,唯有那生命之树,拔地参天,生机无限,令我们感叹,使我们赞美。如今,放在我们书柜里时时备查的《现代汉语方言大词典》42种分卷本和6大册综合本①,对于我们来说有如这生命之树。何以见得?请看:"语言的研究离不开语言的事实。对语言的科学认识,要从语言事实分析归纳出来,又要经受语言事实的检验。""汉语使用人口众多,分布地域辽阔,方言分歧复杂。从语言研究来说,汉语方言可以提供极有价值的研究资料。"②《大词典》涵盖了现代汉语的十大方言,包括核心点(如苏州、南昌、厦门、梅县、广州等)在内的42点,收录条目总量达30多万条,涉及范围极其广泛,举凡天文地理、时间节令、生物农事、房居衣饰、器具交通、动作行为、位置数字、文化教育等等,方方面面的词语无不网罗。《大词典》直接取材于现代汉语方言活的口语,它奉献给学坛的尽是鲜活的语料。语言是民族文化的一面镜子,从某种意义上来说,

---

① 《现代汉语方言大词典》综合本,6册,南京:江苏教育出版社,2002年12月。以下简称《大词典》。

② 《大词典》"前言"。

《大词典》不啻是中国文化的一种百科全书、九州风情的一种百科全书。它是值得我们称赞的。

早期的汉语方言研究是从词汇开始的。二千年前,西汉学者扬雄(前53—18)撰《輶轩使者绝代语释别国方言》,记述了大汉帝国及其周边的诸多方言名物,可以认为是人类有史以来的第一部方言词典。南北朝时期,杰出的语言学家颜之推在《颜氏家训·音辞篇》赞许"扬雄制《方言》,其言大备"。颜之推同时也指出扬雄《方言》"然皆考名物之同异,不显声读之是非",可见方言注音之难,自古而然。颜之推时代也许出现过描述方音的专书,《隋书·经籍志》载"《河洛语音》一卷,王长孙撰",描写的当是元魏都城的语音,但该书已佚,无从查考。颜之推指责当时的多种韵书"各有土风,递相非笑",可见羼杂方言音系的著作,不足为典要。在中国漫长的语言学史上,方言的描写和研究,以词汇为主,这成了传统。北凉刘昞《方言》和见诸宋人著录的王浩《方言》两书已佚①,难知其详。至于明清以来,李实《蜀语》、刘家谋《操风琐录》、吴文英《吴下方言考》、杭世骏《续方言》、张慎仪《续方言校补》《蜀方言》,直至章太炎《新方言》、黄侃《蕲春语》、杨树达《长沙方言考》等,无一不抱着颜氏所说"云为品物,未考书记者,不敢辄名"的审慎态度,来"寻绎研索,虽樵夫牧竖之口,往往有三代雅辞存焉"②。这类著作是一种求雅的文献考证方言学,一种解释与印证古代典籍的方言学。重文献,重考证,音注不备,轻视活的方言口语,它可以帮助

---

① 参鲁国尧:《"方言"和〈方言〉》,《鲁国尧语言学论文集》,南京:江苏教育出版社,2003年,第10页。
② 李鼎超:《陇右方言·序》,兰州:兰州大学出版社,1988年,第6页。

"后人所以识古",却表现不出"前人所以垂后"来。①

越过"文革"的"冬眠"之后,前辈学者企盼的"全部的"汉语方言学研究随着科学的春天到来而蓬勃展开。以往的薄弱环节即方言词汇调查倍受重视,各种专点的、分区的方言词典渐见面世,而编写涵盖全国的方言大典的条件也渐趋成熟。因此,作为一项轴心工程,国家八五计划确立《现代汉语方言大词典》重点科研项目。从立项至今,全国方言学界老中青三代学者七十余人,分两个阶段,历时十二年,终于编成迄今最全面反映现代汉语方言大致面貌的《现代汉语方言大词典》42种分卷本和综合本。

《大词典》的学术价值是多方面的,在语言学研究中尤为重要,正像《大词典》"前言"所说,此书"记录当代这一历史时期的汉语方言的现状,为当代以及后代的语言工作者提供专题研究的依据"。下面我们主要谈谈它在语言学研究中的价值。

一、现代汉语的全面深入的研究离不开《大词典》。我们知道,共性存在于个性之中,现代汉语即存在于各个具体的方言之中,没有方言就无所谓汉语。要把现代汉语描写准确、理解清楚,非得研究方言的差别。近年来在现代汉语语音、词汇以及语法各方面的研究中,方言的内容愈益增多,可见学人们已了解方言的重要。《大词典》收方言词语之丰富自不必说,还提供所收词汇的方言读音以及方言音系,所收例句多能充分显示方言特色,对于研究现代汉语,《大词典》作用之巨大,是不言自明的。

---

① 《说文解字·序》云:"盖文字者,经艺之本,王政之始。前人所以垂后,后人所以识古,故曰本立而道生。"

《大词典》对今后的汉语方言研究必具有指导作用。本书是在42种分卷本方言词典基础之上集编而成，将分区的内容汇融于一炉，由分至合，水乳交融。集合积累的是语料，更是经验。汉语是世界上使用人口最多的语言之一，历史悠久，方言复杂。空间方面，汉语的分布面广，全国2 500多个县，几乎每县都有方言差异，东南地区尤为突出，有的一县数音，就有可能取若干个点。从时间上来看，方言的演变没有止境，旧质的消亡和新的方言现象的发生也不会停止。所以等待汉语方言学人的是巨量的工作，还有许多专地方言词典、区域方言词典、历史方言词典、增补重编本词典等等需要编纂。我们借撰此文之机，冒昧呼吁语言学者编写"专门方言词典"（或称"专科方言词典"），例如《称谓方言词典》《动作方言词典》《形容语方言词典》《植物方言词典》《动物方言词典》《"人"方言词典》①等等，这种类型的词典至今没有出现。我们认为，语言学和词典学的大千世界里应该有这种类型的方言词典，随着方言调查越加细致、研究越加深入，这样的方言词典会不断贡献于学坛。本文算是第一次提出这个问题，如果还没有其他人提出过的话。今后若要编写新的任何一种类型的方言词典，在编者的面前有6大册《大词典》，必可以之作为典范和楷模，在收词立项、释义注音、举证辨析各方面借鉴已有的成果和经验，其善者则从之，其不善者则改之，使方言研究跃上一个更高的层面，走出一条有中国特色的方言研究之路，为普通语言学理论与方法的发展作出应有的贡献。

---

　　① 其收词范围大致为：有关人的生物本能和社会行为，如人的躯体及其机能，生老病死、婚丧嫁娶，人与家庭和社会等诸多方面的方言词语。

二、汉语史研究需要《大词典》。汉语史领域近年来采用历史比较和文献考证相结合的方法进行研究，用活方言对照文献语料研究汉语语音史、词汇史和语法史，即语言学中的"二重证据法"，有许多重大突破。对于历史语言学来说，大量的、准确的、在地域分布上有代表性的活语料是进行科学比较研究的前提。研究者可以从同一词形或同一音类的不同地域变体所显示的共时变异中，探求语言的扩散和收缩运动，描写方言之间的亲疏远近，说明其发展演变。《大词典》所收录整理的丰富语料，许多都适于进行历史比较研究。

如《大词典》第226至229页记下了"大"字在现代方言里的若干个声韵不同的读音（各地声调调值不同，但大都是去声，调类相同，故此处不考虑声调的差别），这些音稍加整理即可成如下条理：

1. du 崇明、上海；duɣ 金华；dəu 苏州、宁波；dɤu 温州（白读）；do 杭州（又读）；dɑ 杭州

2. tua 雷州、厦门；tuɛ 建瓯；tuai 福州

3. t'θ 绩溪；t'æ 于都；t'ɤ 万荣（白读）；t'ai 南昌、梅县、萍乡；hai 黎川

4. tai 南宁平话、长沙、广州、东莞

5. tɑ 南京、牟平、西安；ta 哈尔滨、长沙、济南、徐州、扬州、武汉、成都、贵阳、柳州、西宁、银川、乌鲁木齐、太原、万荣（文读）；tɛ 忻州；tə 丹阳；da 娄底

这5组音之间是什么关系呢？让我们先来请教古代的韵书吧，"大"字在《广韵》中有两读，泰韵徒盖切，简韵唐佐切。若再细考，则此两读似乎有时间先后。在唐五代韵书，"大"的泰韵一读见

于唐中宗龙兴二年(706)的《王韵》,《王韵》及其以前《切韵》残卷不见有箇韵读音,箇韵一读初见于开元天宝间的《唐韵》(蒋斧本)。

诗人用韵的情况为,清儒直至王力先生的古音学论著遍考先秦群经用韵,"大"字入祭部或者月部,此即泰韵音读之源。西汉贾谊《鹏鸟赋》:"彼吴强大兮,夫差以败。越栖会稽兮,勾践霸世。"这是以"大""败""世"押韵,可见"大"是祭部字。东汉蔡琰《悲愤诗》以"迈""会""败""外""艾""盖""吠""肺""逝""大""赖""厉""废""岁"为韵。魏晋时祭、泰分立,"大"字隶泰韵。李荣先生《隋韵谱》指出,在隋代诗人用韵中"大字为韵凡六见,都和蟹摄字押韵,所以列入泰韵,不列入箇韵"。而西晋末郭璞《山海经图赞》(上)"文贝"条:"先民有作,龟贝为货。贝以文彩,贾以小大(按:原作'大小',不韵,当乙转)。简则易从,犯而不过。"以"货""大""过"相押,透露出另一音的信息。唐代韵书将"大"收入箇韵,表明此音已获承认。

宋代的《集韵》增加泰韵他盖切,这是"大"字作为"太"字异体的读音。《集韵》又增过韵他佐切,引何休"约誓大甚"句,陆德明《经典释文》云:"大甚,音泰,或勑贺反。"又东晋徐邈在《礼记音》中注"大"为他佐切,也是作程度副词"太"的音。《集韵》又增曷韵他达切一音:"籀文,象人形也。"可知《集韵》增列的三音均非"大小"之"大"的实际读音。所以《古今韵会举要》就不收他盖切、他达切两音。而《蒙古字韵》只收两音,将"大"分别收于六佳、十四歌定母去声下,相当于《广韵》泰、箇两音。至元代周德清《中原音韵》,"大"为皆来、歌戈、家麻去声,"大"字收入家麻韵,显示近代新生一音。

对照历史上的异读,《大词典》所载"大"字在方言中众多读音之间的对应关系大致可以追寻如下：

第1组吴方言诸音，声母为全浊音，不计又读的话，其音当来自箇韵唐佐切。上海话韵母中的 u 是歌韵在吴音中的音变。清末讽刺文学的著名作家、广东人吴趼人在他的名作《二十年目睹之怪现状》第三十四回记下了这一音变现象：

> 各省的方音虽然不同，然而读到有韵之文，却总不能脱韵的。比如此地上海的口音，把歌舞的歌字读成"孤"音，凡五歌韵里的字，都可以类推起来："搓"便一定读成"粗"音，"磨"字一定读成"模"音的了。……上海音是五歌韵，混了六鱼七虞。

上海音是五歌混了六鱼七虞，"大"字读 du，正是唐佐切。吴音合乎《唐韵》箇韵的读法。

第2组是闽方言，这一组音也来自中古箇韵读音，定母清化。

第3组主要是客、赣、徽方言，其特点是声母塞音送气甚至于读成擦音，这是全浊声母清化的另一种模式。各点韵母多读泰韵音。

第4组主要是粤方言，含湘方言另一部分，声母读清舌尖中不送气音，韵母为 ai，应当是从泰韵徒盖切经过近代平透仄嘎的清化而来。

第5组主要是官话方言，其声母清化与粤语同，韵母为低元音，其所以有 a 和 ɑ 之别，当与各本书的作者选择音标符号有关。此音的直接源头当系《中原音韵》的家麻部音。至于湘语娄底韵母读 a，表明其韵同于官话，但保留全浊，这是其独特之处。

根据这种对应关系，或许可以作出如下的解释。韵母为 ai 乃从上古而来，u 或 o 等当源自中古著录之简韵音，a 是近代音。可见"大"字的《广韵》简、泰两读，当是代表了中古时期的方言分歧。六朝隋代以前读泰韵音，这是中原语音之主流。然长江东南的吴闽方言区，则为简韵读音，跟中原异趋。在以后的全浊清化过程中，吴方言保持浊音，进一步歌混入模。闽则浊音清化。官话和客赣与湘粤闽则因清化的模式不同再行分化。而北方方音的泰韵定母读音清化发生，又丢掉韵尾，则读入麻韵了，形成现代普遍的低元音为主的官话读音。而湘赣以南大体没有这种演变，仍读早期泰韵读音。因而形成了北方方音、吴闽音和南方方音这三大板块。

当然，"大"字还有些特殊的读音，如：黎川"大姑"一词当表示父亲的姐姐时读 ho ku，当表示父亲的大妹妹的意思时读 hai ku。表现出简、泰韵两读异读重迭。南昌"大姑娘"的"大"读为 t'o，可见赣语中也有读简韵的底层。又如在"大夫"一词中，哈尔滨、牟平、乌鲁木齐、万荣、太原、武汉等"大"都念 tai 等等，又反映官话中的比较早的泰韵底层。还有的方言"大"字有文白读或异读，如长沙、温州、万荣等地有文白两读，杭州有异读，这些特殊读音或许是音变中的语音交融与渗透的残留遗迹。

一个"大"字仅是《大词典》之沧海一粟，像"大"字这样适于作历史比较研究的系列语料，《大词典》中可说是俯拾皆是的。它们是语音史语料，更是词汇史语料。

有的方言研究者比较注重寻找方言特色词，希望找出某方言特有的词汇，用以作为分区标准，把甲方言与乙方言区分开来。但随着研究的深入，方言资料的增多，方言词语的地域界限愈益模糊,要找到专属于某一方言所有的词越来越难。方言词汇的交融与渗透,使得相邻的方言割不断,无法一刀切,这往往反映了方言接触中的词语的渗透与扩散运动,这种运动在空间区域上通常呈现出波浪形状态。排比词语的空间差异,往往就可以看到一种此消彼长的渐变。

比如"下"和"落"作动词用是同义词,都可带宾语,但使用的区域不同其组合能力不同。北京的"下"字,《现代汉语词典》收动词义达14项之多,常用搭配有:下山、下雨、下雾、下乡、下笔、下班、下车等。而这些搭配在广州话中全用"落"字。同样的组合里用"下"还是用"落",在南边粤语与北边北京话中间的湘、吴、闽等方言中表现出一种此消彼长的过渡状态。试略作排比如下(除北京外,词例取自《大词典》,"——"表示词典中不见收该词):

方言	山	车	班	笔	雾	雨	地	象	款
北京	下山	下车	下班	下笔	下雾	下雨	下地	下象	落款
长沙	下山	下车	下班	下笔	起雾	下雨	下地	下象	落款
苏州	——	——	下班	下笔	起迷露	落雨	落地	落象	——
福州	——	——	落班	——	落雾	——	落地		
广州	落山	落车	落班	落笔	落雾	落雨	落地	落象	落款

大的趋势是,由南而北"落"渐少而"下"渐多,吴方言中有些现在用"下"的词,大概在20世纪30年代还是用"落"的,如鲁迅杂文《准风月谈·为翻译辩护》:"中国人原是喜欢抢先的人民,上落电车,买火车票,寄挂号信,都愿意一到便是第一个。"文中"落电车"就是下电车,现代上海仍残存"落车"说法。又有把"下种"说成"落谷"(苏州),"下孔"(把物丢入孔沟中)说成"落孔"(金华),"下班、下课"等词,现代吴语也残存有说"落班、落课","落课"又可说"落堂"等等。可以推想吴语原本都是说"落"的。不但吴语,就是官话方言的济南、武汉、洛阳"下雪"又可以说"落雪",西南官话的成都、贵阳、武汉"下雨"又可以说"落雨",说明这些方言更早些时候一定跟吴方言一样也是说"落"的,它们跟吴语一样都经历了一个用语的转变,不同的是转变的面广量大,比吴语来得彻底,这可以解释为转变的时间比吴语来得早,但转变的方向是相同的,即向官话基础方言靠拢。这充分显示出强势方言向周边方言辐射与渗透的波浪式的演变趋势。《大词典》收列的在空间区域上具有一定相似性的词语系列,在词汇的动态发展研究中重要作用不可低估。

这些事例都说明,《大词典》记录的语料在汉语语音史和词汇史研究中是非常有价值的。

三、《大词典》的学术价值还体现在记录方言词语的同时,对一些比较特殊的词进行了考证与说明。这些说明以按语形式附于词条之尾,均要言不烦,大都能说明来龙去脉,准确精当,信而有征,极大地方便读者阅读掌握书中的内容。

如厦门旧话说一种大木船为tua kɔ,《大词典》第263页写作"大舸",然后加注曰:"舸,集韵歌韵居何切";南宁平话说烙铁叫

"nat 鸡",《大词典》第 4039 页写作"焫",加注:"(焫)广韵薛韵如劣切:烧也。"这是考方言本字。

又如:徐州方言"胯骨"的"胯"有上、去二读,《大词典》第 263 页加说明曰:"广韵作'骻、跨',马韵苦瓦切:'腰骻',又祃韵苦化切:'两股间'",这是说明现代方言复杂读音的来源。

又如柳州说"失去机会"叫"走鸡",《大词典》第 1638 页加说明:"语义来自熟语'煠熟的鸡也会走',到嘴的东西吃不成";宁波说"汽笛"为"回生",《大词典》第 394 页加注:"外来词,英语 whistle",这是说词语的理据和语源。

还有许多词语可以有不同的说法,也多在后面加注说明,如海口说同母兄弟姊妹为"同肚",加注又可说"同肠同肚"(第 1364 页);也有的加注方言特殊音读,如忻州用"光葫芦儿"比喻光头,加注说"葫,此处读入声"(第 1348 页)等等。考证说明涉及的内容非常广泛,不能遍举,读者可对看。

《大词典》学术价值很高,已如上述。作为一本大型工具书,《大词典》在现代社会生活中具有很高的使用价值。可从两方面来谈。

第一,社会认识价值。这里的社会主要指世俗的平民社会。自古乱世习武,盛世修文,大凡一个朝代兴旺鼎盛之时,都有盛大的官办文献修辑,汉代的《七略》《别录》,唐代的《五经正义》,宋代的《太平御览》,明代的《永乐大典》,清代的《古今图书集成》《四库全书》等等,都总结前代文献或编录当代文献,留给后人丰富的文化遗产。但这些所谓正统精英文化,极不重视扬雄那种出自"天下上计孝廉及内郡卫卒"普通民众口中、反映世俗生活文化传统的典籍,所以历史上只有私家著述的小《方言》,没有一本像《广韵》《康熙字典》那样的方言大典,是为古来盛世编典之憾。

现在此憾可除,因为我们有了国家资助的"官办"《大词典》,为我们认识平民的世俗的社会生活提供了一扇窗口。打开《大词典》,举凡地方特色,风物人情,乃至于人民的喜怒哀乐,一笑一颦均历历如面,恰似现代社会的一幅生动的世俗生活的风情画卷。

如地方特色方面,通过"烰藷"一词,我们可以知道雷州人喜爱的食品:炭火烧熟的甘薯(第4040页);看到"剪刀草",就可以知道苏州有一种野生植物春天的嫩叶子可制一种叫青团子的食品(第4037页)。

又如民间节日,如南京一年上元、中元、下元三节,其中中元、下元祭祀祖先,怀念先人,祈求福祐。

群众娱乐方面,如苏州评弹俗称为"剪书",旧时说书是每天连续演出,演出时间一月左右,开始演出叫"开书",结束演出叫"剪书"(第4038页),善始善终。

再如婚庆之俗,各地方言词汇很多,如媒人通常是女性,但萍乡有男性媒人被尊称为"牵丈公"(第4021页)。海口叫相亲为"望对象"(第4020页),厦门的介绍成亲叫"牵亲",而萍乡旧时却把打开轿门扶新娘下来叫"牵亲"(第4024页),雷州旧时说男方家人迎新娘入家中叫"牵嫦"(第4023页)。宁波女儿出嫁第二天馈送给娘家的食品叫"望娘盘"(第4018页),丹阳出嫁女子每年插秧结束后送给娘家的礼物叫"望秧包"(第4018页),牟平结婚或生子等日,亲朋携礼前往道喜赴宴叫"望欢气"(第4020页)等等。也有一些词语反映封建陋习,如成都、柳州、宁波、温州等地的"望门寡",又叫"望门大姑娘"(宁波)或"望门寡妇"(崇明)(第4018页),是指旧时女子订婚后尚未结婚就成了寡妇,有的地方望门寡不能再婚,等等。

随着社会进步,文明程度的提高,旧事物不断消失,许多反映陋习和旧事物的词使用范围就会越来越小,最终归于消失。如近代海禁大开之时,洋货涌入,各地方言因而出现了一大批带洋字的事物名,像"洋火、洋碱、洋泥、洋油、洋烟"等,从《大词典》的记录来看,这些词现在仍活着的已经不多了。可以预想,再过若干年,现代社会许多现象发生改变,甚至一些事物消失了,我们的后人仍可以凭借《大词典》来了解今天社会的众生相,这无异于是今人留给后人的一份珍贵遗产。

第二,文献解释价值。利用方言解释古代文献词语是语文学的传统,郭璞《尔雅注》、颜之推《颜氏家训》及汉以下各种经传注文中屡见不鲜。但前人没有进行过大规模的方言调查,往往是凭着自己的母语结合一些道听途说的语感来作方言证古,因此大都存在着两个局限,一是语料零碎,二是多少有点片面。同给一本《尔雅》作注,晋代郭璞常称引江东,清人郝懿行则屡述齐鲁,这都是囿于当时的条件。现在,《大词典》近乎全国普查式的方言词语收录,提供了不同方言的代表点上的系统语料,必将有效地弥补这些缺陷,极大地提高方言在古代文献考释上的功用。

我们还必须指出,现代方言对于近代和现代文献的解释,作用尤其巨大。清代学者为了解释上古典雅文言,屡屡指出贩夫走卒,引车卖浆者流口上有三代两汉雅语存焉,他们非先秦两汉之书不观,对唐宋以下心存偏见。其实研究文史,唐宋以下典籍同样重要。同样,唐宋以下之语词又何尝不存乎贩夫走卒、引车卖浆者流之口?朱熹《朱子大全》卷二十四《答陈漕论盐法书》论海盐贩运时说:"及下四州诸县之买纳,而使客人请引南自漳泉,北至长溪。……但立法以防其兴贩透入上四州界可也。"又《朱子语类》卷一百三十八《杂类》(中华书局1986年王星贤点校本,第3292页)记曰:"林择之曰:'上四州人轻扬,不似下四州人。'先生曰:'下四州人较厚。潮阳士人亦厚,然亦陋。莆人多诈,淳朴无伪者,陈魏公而已。'"文中屡称"上四州、下四州",这两个词语至今仍活在闽语区建瓯、福州等地,又叫"上四府、下四府",《大词典》加以收录。在这些方言里下四州指福州、兴化、泉州和漳州,上四州指汀州、绍武、建州和南剑州,意思与朱熹所述一样。由此可见,方言与古籍恰可互为表里,方言给古籍以印证,而古籍的记录又可说明方言词的历史久远,渊源有自。

近代以至现当代文学史上的白话文学,大多羼杂作者方言,有的干脆用某地方言写成,如《何典》等书。要读懂这些作品就必须了解书中的方言词,而这些方言词语又是一般的现代汉语词典或《辞海》乃至《汉语大词典》上无法查到的。如鲁迅《集外集拾遗·公民科歌》:"但愿诸公切勿死守我的教科书,免得人一不高兴便说阿拉是反动。"这句话中就有两个上海方言词:"勿、阿拉"。"勿"还好说,因为它来自古汉语。"阿拉"作为第一人称代词是吴方言独有的,不知道这词的含义就无法读懂这段话,普通词典如《现代汉语词典》《辞海》等不收,那么我们就可以求助有关的方言词典,而在所有方言词典中,《大词典》是最完备的。

当然,《大词典》也不是尽善尽美的。在设立代表点方面,如何合理选点,以便反映这一方言的概貌,似还有可改进之处。如官话方言大区分 8 个方言区,《大词典》选点 14 处,是合适的,而湘方言分为 3 个片只选两处,江西境内赣方言分 5 片仅收 4 处,均没有每个片的方言选一点,似可斟酌。其次,注释取例注重活口语,这是其优点,但有许多方言词很早就见诸文献,现代书报之中也常常出现,完全可以在举证例句时选用,必然大大增加可核验度。又如官话方言中"大"字的读音,南京、牟平、西安为 ta,哈尔滨、长沙、济南、徐州、扬州、武汉、成都、贵阳、柳州、西宁、银川、乌鲁木齐、太原、万荣(文读)是 ta,显然韵母是低元音,其所以有 ɑ 和 a 之别,未必真的前 3 个方言是后低元音,后 14 处方言是前低元音,而当与各分卷的作者选择音标符号有关。惜乎无法统一,因为这是综合本,它已经对各分卷作了一定的归并技术处理了。如果能"大动干戈",融会重编,就理想了,可是工程量太大,三年五年难以毕功,而且稍一不慎,会影响原书的精神。

《大词典》涵盖了 42 个代表方言点,成就辉煌,已成就了时代的大业。但中国有 2 500 多个县,方言复杂难以想象,方言演变永无止境,今后要做的工作还很多很多。《大词典》成功的经验是进一步研究的宝贵借鉴,它必将成为后学的津梁,学者可以吸收其长处,站在巨人的肩上去攀登新的高峰。

方言,本来是人类文化的非物质遗产,它是流动不居的,旧质成分不断在消亡,"逝者如斯夫,不舍昼夜"!而在中国,20 世纪的最后十几年是文化、生活、方言发生极大变动的时代,我们要感谢以李荣、熊正辉、张振兴三位先生为首的众多的方言学家和江苏的几十位出版家,他们做了一件功德无量的善事,他们的辛勤劳动使得行将消逝的汉语大量方言词语得以从非物质文化遗产转换为物质遗产,这是具有国际意义的壮举,是富有历史意义的伟业。随着时间的推移,其重大意义将愈益显现,这项文化遗产必将泽惠万代!

  如今在我们眼前的,不是一座由42册分卷本和6大册综合本筑成的书山,而是一座巨型的摩崖群雕:近百位方言学家,几十位出版家,还有,在他们背后站立着数百名方言的使用者和提供者——方言词语的灵魂。

  原载《方言》2003年第4期,与鲁国尧先生合作

宋代江浙语音研究的浓墨重彩一笔

——评《宋代江浙诗韵研究》

一

语音史的传统是关注一个一个历史时代的汉语语音系统,研究者们力图将它们串联起来,建立起汉语音系发展历史的完整链条,贯通五千年甚至更为久远的语音发展脉络。但当你进入某一具体时代,试图描写、归纳并展示那扑面而来的愈来愈丰富的语音现象时,你就会发现这个传统所形成的框架却极力要将它们扭结成为一条瘦硬的符号链,使得框架与事实之间的互不适应日益严重,问题究竟出在哪里呢?

早在一千多年前,先哲颜之推就告诉我们:"夫九州之人,言语不同,生民以来,固常然矣。"①正所谓古今一理,"后之视今,亦犹今之视昔"②。如果承认现代方言语音及各种表现的异常复杂,那也同样得承认历史上任何一个时代的语音的多样化,诚如颜之推所言,这是自古而然的。

---

① 王利器:《颜氏家训集释》,上海:上海古籍出版社,1980年,第473页。
② 〔清〕浦起龙:《史通通释》,上海:上海古籍出版社,1978年,第153页。

所以，语音史越是纵深发展，就越发要在历史长河上的不同共时层面上横向分流、辐射展开。这恐怕就是近几十年来的语音史研究中，历史语音的地域特色越来越受到重视的原因。以历史方言语音研究为标志的区域语音研究蓬蓬勃勃，既是研究深入的趋势所致，也是全面展示历史语音的必然。

只要约略回顾一下现代学者众多的研究成果，随手便可以列出一份长长的名单，能清晰地看到在"链条"不同节点上缀合的"别样场景"是如何愈益宏大而丰富。如果暂不考虑这些成果产生的时间先后，仅从研究对象所处时代来看，就有对上古《诗经》用韵中东方、西方音系的探讨[1]和对燕齐鲁卫陈等方音在《诗经》等文献中表现的分析[2]，又有关于《老子》[3]、《楚辞》[4]等特殊押韵的方音特色以及先秦两汉齐语语音[5]、出土文献中的楚语语音[6]等等的分析，还有对汉魏晋南北朝用韵中的地域语音[7]、周隋长安音[8]、唐五

---

[1] 参见王健庵：《〈诗经〉用韵的两大方言韵系——上古方音初探》，《中国语文》1992年第3期。
[2] 参见林语堂：《前汉方音区域考》，见《林语堂名著全集》第十九卷，长春：东北师范大学出版社，1994年，第14—41页。
[3] 参见［瑞典］高本汉撰、张世禄译：《〈老子〉韵考》，《说文月刊》1939年第1、2、3期。
[4] 参见董同龢：《与高本汉先生商榷自由押韵说兼论上古楚方音特色》，见丁邦新编：《董同龢先生语言学论文选集》，台北：食货出版社，1974年，第1—12页。
[5] 参见汪启明：《先秦两汉齐语研究》，成都：巴蜀书社，1998年。
[6] 参见赵彤：《战国楚方言音系》，北京：中国戏剧出版社，2006年；杨建忠：《秦汉楚方言声韵研究》，北京：中华书局，2011年。
[7] 参见罗常培、周祖谟：《汉魏晋南北朝韵部演变研究》（第一分册），北京：中华书局，2007年；丁邦新：《魏晋音韵研究》，"中研院"历史语言研究所专刊65号，1975年。
[8] 参见［法］马伯乐：《唐代长安方言考》，聂鸿音译，北京：中华书局，2005年；尉迟治平：《周、隋长安方音初探》，《语言研究》1982年第2期。

代西北方音①、唐代关中音②、宋代汴洛方音③及各地语音④,一直到明清方言韵书的研究⑤如火如荼展开……这根链条上的许多节点都被有效地横向拓展开来,借用一句古诗来形容,恰一似"红杏枝头春意闹"。

排在这个"扩容版"的新式链条后段的宋代,其历史方音的研究并不落后。自1941年周祖谟先生的《宋代汴洛语音考》⑥开启宋代语音研究领域以来,20世纪中后期鲁国尧先生以宋词用韵的系列研究⑦,继续拓展空间,向纵深推进,伴随着改革开放大潮冲涌,东西南北中遍地开花,逐渐形成了中原音(或通语及汴洛音)研究、大北京音研究、西北音研究、山东音研究、江浙音研究、福建音研究、四川音研究、江西音研究、湘楚音研究等等独特的研究领域。这一大波研究区域的拓展,涉及面之广,发掘程度之深,爆发力之巨,其得风气之先,以"独领风骚"来形容亦不为过。

地处东南大地的江浙语音研究无疑是其中重要的一个领域。江浙地区的语音在现代主要是吴方言语音,又有江淮官话及若干小方言或方言岛的分布。作为现代汉语的一支非常独特的大型方

---

① 参见罗常培:《唐五代西北方音》,北京:商务印书馆,2012年。
② 参见黄淬伯:《唐代关中方言音系》,南京:江苏古籍出版社,1998年。
③ 参见周祖谟:《宋代汴洛语音考》,见《问学集》,北京:中华书局,1966年,第581—655页。
④ 参见鲁国尧:《论宋词韵及其与金元词韵的比较》,《中国语言学报》第4期,北京:商务印书馆,1991年,第125—158页;李范文:《宋代西北方音〈番汉合时掌中珠〉对音研究》,北京:中国社会科学出版社,1994年。
⑤ 参见耿振生:《明清等韵学通论》,北京:语文出版社,1992年;叶宝奎:《明清官话音系》,厦门:厦门大学出版社,2001年。
⑥ 周祖谟:《宋代汴洛语音考》,见《问学集》,第581—655页。
⑦ 鲁国尧先生系列论文,均载刘晓南等:《宋辽金用韵研究》,香港:香港文化教育出版社有限公司,2002年。

言,遍布于江浙大地的吴方言它从何而来?早在两千多年前,西汉扬雄的《方言》中就记录了许多属于今江浙地区的吴、越方言词。20世纪初,林语堂《前汉方音区域考》①据之确立"吴扬越"一系方言。由此看来,吴音之立,其来尚矣!其后,颜之推说的"南方水土和柔,其音清举而切诣"②,陆法言说的"吴楚则时伤轻浅"③等等,应当都是指的吴语地区方言语音,既"轻"且"柔",真正的吴侬软语,绵绵邈远啊!漫漫两千余年之中,究竟有多少因缘际会、历多少风云变幻,留下了多少今古传奇,又有几人能知、何人能晓?正如李纲诗《戏为吴语》所言"莫问侬家作底愁,细思今古事悠悠"④。江浙地区语音如何发展、吴语究竟在历史上有何表现?无疑是现代语音史与方音史饶有趣味而又颇具挑战性的一大课题。

方言学家普查现代吴语诸点进行历史比较,揭示音系中的历史层次,拟测原始吴方言、南部吴语等假说。音韵学家则另辟蹊径,发掘历史语音文献展开考察,近者如一百年前的苏州话⑤,往前则元代松江音⑥,再往前,直至宋代韵书中某些吴音特点⑦、江浙

---

① 林语堂:《前汉方音区域考》,见林语堂:《林语堂名著全集》第十九卷,第14—41页。
② 王利器:《颜氏家训集解》,第473页。
③ 〔隋〕陆法言:《切韵序》,见《宋本广韵》,北京:中国书店,1982年。
④ 北京大学古文献研究所:《全宋诗》第27册,北京:北京大学出版社,1996年,第7528页。
⑤ 参见丁邦新:《一百年前的苏州话》,上海:上海教育出版社,2003年。
⑥ 参见鲁国尧:《〈南村辍耕录〉与元代吴方言》,刊于《中国语言学报》1988年第3期,第107—134页。
⑦ 参见宁忌浮:《古今韵会举要及相关韵书》,北京:中华书局,1997年,第289—291页;刘晓南:《毛氏父子吴音补正》,《山西大学学报(哲学社会科学版)》2009年第5期。

地区某一部分或某一地区文人诗词的某些特殊用韵①等等的揭示，这一篇一篇讨论具体语音问题论文的成功刊发，有效地将江浙语音历史的研究推进到约八百年前的宋代，犹如点点早梅引新春、涓涓细流入大海，预示着宋代江浙地区语音全面揭示的全新局面即将到来。

二

现在，我们欣喜地看到了钱毅教授的新著《宋代江浙诗韵研究》②（下简称"钱著"）由中国社会科学出版社刊行。作为江浙文人诗歌用韵的论著，钱著充分吸收前人的经验和成果，运用文献考证与历史比较的新二重证据法，以宋代江浙文人诗歌用韵作为研究对象，索隐钩沉，潜心考索，发掘新材料，揭示新现象，经过多层面古今语音特征的比较、论证，实现了对八百年前宋代江浙语音的全方位描写，无疑成为全面揭示宋代江浙地区语音的韵部系统及其特征的首部专著，填补了宋代语音史以及方音史的一个空白。

钱著从《全宋诗》及其补编中穷尽搜集宋代江浙诗人1 999家，诗作83 965首，韵段87 955个，首次将宋代江浙地区所有文人

---

① 参见裴宰奭：《宋代绍兴词人用韵考》，《南京大学学报（哲学人文社会科学版）》1996年第1期；张令吾：《北宋张耒古体诗用韵考》，《语言研究》2004年第2期；胡运飙：《吴文英张炎等南宋浙江词人用韵考》，《西南师范大学学报（人文社会科学版）》1987年第4期；魏慧斌：《宋代江浙词人用韵考》，《湛江师范学院学报》2006年第4期。

② 钱毅：《宋代江浙诗韵研究》，北京：中国社会科学出版社，2019年。

的传世诗歌一网打尽,数据之庞大堪称海量,浩乎宏哉!又广泛查阅宋代笔记小说、宋人文集、诗话词话等等上百种文献,爬罗剔抉,索隐钩沉,搜寻宋人有关江浙地区语音的零散记述,调查这些宋人亲闻亲见的方言散记,好一似时空穿越,堪与现代田野调查的第一手材料相比美,形成宋代江浙语音的又一强力证据,有力地配合并支持诗歌用韵中方音特征的论证。比如,江浙诗人有较多"支鱼通押"的韵段,它们是吴音特点吗?钱著核查宋人的笔记语料,列举陆游《老学庵笔记》的吴地谚语"鸡寒上树,鸭寒下水"及"鸡寒上距,鸭寒下嘴"[1]、俞琰《书斋夜话》的"吴音余为奚,徐为齐"[2]等材料,与诗歌中的混押互相印证,则"支鱼"相混断为吴音特征即可定谳。

通过海量数据的分析、归纳、对比、求证,钱著得出如下几个重要观点。

第一,宋代江浙地区诗人用韵与宋代其他地区一样,都是在礼部韵系的幌子之下,实际使用通语十八部韵系,再一次确证宋代通语音系是通行于各方言区的通用音系。确认这一点相当重要,因为这个韵系可在各方言区通行无碍,即可断定它就是当时的民族共同语之语音,其语音系统是时代的代表音系。

第二,从江浙诗人用韵中归纳出跨通语韵部的混押:阴声韵12种、阳声韵18种、入声韵混押5种以及阴声韵与阳声韵混押2种、部分阳声韵与入声韵混押若干例等等,共计37种混押,运

---

[1] 〔宋〕陆游:《老学庵笔记》,北京:中华书局,1979年,第25页。
[2] 〔宋〕俞琰:《书斋夜话》,〔清〕阮元《宛委别藏》第72册,南京:江苏古籍出版社,1988年,第23页。

用历史比较法,跟现代吴音、江淮方音等江浙地区的方音作古今比较,又与同期历史文献中显露出来的各地方音进行对照,从古文献与现代方音对应两个方面,论证其中有吴音特点20条,同时还确认宋代对应于今江淮官话的地域如扬州等地流行的是带有浓重吴音色彩的江淮语音。

第三,将宋代江浙地区的所有方言特征进行区域分布的对照比较,根据方音特点在不同区域分布中的相对优劣态势,确立宋代江浙地区的方言可以做上下位性质的分区,似可概括为"两极六区"。所谓"两极"即同一区域中存在并列的两个方言:吴方言、江淮方言(或南朝通语),前者范围较大,后者范围较小。"六区"指吴方言下又可以区分成六个相对特色的次方言区,对照现代吴方言的分片,彼此之间具有明显的对应关系。这可以说,现代吴方言的格局,在八百多年的宋代即已基本成型。

上述观点言之成理,持之有据,揭示江浙语音发展之途径,廓清宋代东南语音之疑云,毫无疑问,钱著因其对宋代江浙地区语音首次穷尽式的全面揭示而在近代语音史和吴方音史的历史长卷上书写了浓墨重彩的一笔。

然而,钱著的价值还不止此。其有关海量诗歌韵脚的整理考核,无异于是宋代字音在实用中的一次检阅,对韵书编纂史研究及古籍整理同样有其价值。

比如《集韵》本着"务从该广"的宗旨,在《广韵》基础上增收韵字数万,很多字音的来源扑朔迷离,叫人疑惑。如"去"字《广韵》只有上、去二读,《集韵》增列平声鱼韵丘於切一音:"去,疾走也",新增之音义从何而来?钱著整理徐侨的《云山歌》一诗,发现在这首句句押韵的古体诗中,有韵句云"有禽消摇其间兮不去,飞俯啄兮薇薇"①,而全诗18个韵句,除"去"外全属支微部平声,因此"去"必读平声,方可与其他韵脚字形成"支鱼通押"的混押。"去"的这个平声的韵读恰与《集韵》来源不明的新增音相符,提供了实际语音的支持。

在古籍整理方面,韵脚的校注也很有价值。如薛季宣《九奋·记梦》的一段话,《全宋诗》如此标点:"……,观其臣之就位兮厥令尹曰瞋。鲑总群虾而将之兮,胄乃元惟鲍鱼"②。"瞋鲑"两字有另本连为一语,"鲑"字上属,这不仅是断句或标点的不同,还涉及韵的确认。钱著经过细致考察之后认为"瞋鲑"当连读成词,不能点开。书中的一大段论证,可归纳为三点:一是"鲑"之义训为"河豚";二是"瞋"乃"张目也"之义,即怒目奋张之态,若将"瞋鲑"断开,则"令尹曰瞋"不辞,若"瞋鲑"连用则形容河豚发怒鼓包时之形态,惟妙惟肖;三是薛季宣另有《河豚》诗云"岂其食鱼河之鲂,河豚自羡江吴乡。瞋蛙豕腹被文豹,刖如无趾黥而王"③,这首诗以"瞋蛙"来描写河豚之鼓目之态,与"瞋鲑"是相通的,可知原作者使用"瞋"字形容河豚或鲑是其常用手法。这个考证,旁证、内证齐全,论证有力,颇令人信服。

当然钱著也有某些相对薄弱之处,如对现代吴音和江淮官话的了解,还可继续深入,方言间的比较还有加强的空间,某些特殊韵例或韵字的考证还有待深入等等,虽说瑕不掩瑜,然亦当引起注意!

---

① 北京大学古文献研究所:《全宋诗》第52册,第32809页。
② 北京大学古文献研究所:《全宋诗》第46册,第28722页。
③ 同上书,第28686页。

三

最后,我想回到本文开始时提出的"瘦硬"框架链条与语音史的丰富表现不相协调的问题上来,愿意借此机会抛砖引玉,提出我久萦于怀的对语音史的时空维度的一个思考,请钱毅教授及读者诸君批评。

"框架"与事实不吻合,是框架错了吗?就像钱著告诉我们的一样,宋代各个区域诗词用韵研究,其语音主流无一例外为十八部(个别情况是十八部的变体十七部,如四川)。十八部音系犹如一条红线,贯穿各区之中,整齐而规则;其特殊押韵游移于十八部系统之外,丰富多彩,方音特征尽在其中。无论如何,诗歌用韵中呈现的实际语音都应当区分为两个部分:一为通用的通语韵部系统十八部,一是游移于通语音系周边的方音特征,两者绝无或缺。可见,任一时代任一地区语音的完整呈现,实在是包含了严整规则的通语音系和叫人眼花缭乱的方音表现两个部分。只有通语音与方音结合才构成完整的时代之音,通语音系是时代音的主体,是当之无愧的代表,但绝非整个时代语音的全部。原来,之前当我们说"宋代语音系统"时,其实际的语意应当是"宋代通语语音系统",亦即曰"宋代的代表音系",它并非整个宋代的语音。其他时代皆可类推。

因此,汉语语音的发展历史中,音系的链条是存在的,为什么它曾经表现得"瘦硬",原因就在于将时代的代表——通语音系当作了整个时代的语音。一个时代除了代表音系,更多的是各种方音,所以,语音史的框架除了"链条"还得有数量众多的区域空间的点与面,一种说法是"散点多线"①。但笔者以为"线"也有主次之分。是否可以这样看:完整的语音史应当有两个层次,第一层次(或可称为上位层次)是通语音系,是时代语音的代表,它们可以依先后时代互相衔接构成为一条历史链条,而第二层次(或可称为下位层次)是散布于链条节点上的方音特点,它们在历史传承中并不一定互相连接,其中有一些在历史长河中延续了下来,更多的可能是在历史长河的大浪中被淘汰掉,成为一种栖身于文献中的历史上失落的存在。

这样来看语音史,能否彻底解决问题,仍有待检验,或许也是一条可行途径吧?!

原载《中国韵文学刊》2020年第4期

---

① 何九盈:《汉语语音通史框架研究》,见何九盈:《语言丛稿》,北京:商务印书馆,2006年。

图书在版编目(CIP)数据

学古文存/刘晓南著. —上海：复旦大学出版社,2024.6
(复旦大学古籍所成立四十周年纪念学术丛书)
ISBN 978-7-309-17200-3

Ⅰ.①学… Ⅱ.①刘… Ⅲ.①古籍整理-中国-文集 Ⅳ.①G256.1-53

中国国家版本馆CIP数据核字(2024)第020621号

学古文存
刘晓南 著
责任编辑/杜怡顺

复旦大学出版社有限公司出版发行
上海市国权路579号 邮编：200433
网址：fupnet@fudanpress.com http://www.fudanpress.com
门市零售：86-21-65102580 团体订购：86-21-65104505
出版部电话：86-21-65642845
江阴市机关印刷服务有限公司

开本890毫米×1240毫米 1/32 印张7.875 字数169千字
2024年6月第1版
2024年6月第1版第1次印刷

ISBN 978-7-309-17200-3/G·2564
定价：58.00元

如有印装质量问题，请向复旦大学出版社有限公司出版部调换。
版权所有　侵权必究